INBOUND & OUTBOUND

MARKETING APLICADO PARA O DIGITAL

CÉSAR STEFFEN

INBOUND & OUTBOUND

MARKETING APLICADO PARA O DIGITAL

Freitas Bastos Editora

Copyright © 2025 by César Steffen

Todos os direitos reservados e protegidos pela Lei 9.610, de 19.2.1998.
É proibida a reprodução total ou parcial, por quaisquer meios, bem como a
produção de apostilas, sem autorização prévia, por escrito, da Editora.
Direitos exclusivos da edição e distribuição em língua portuguesa:

Maria Augusta Delgado Livraria, Distribuidora e Editora

Direção Editorial: Isaac D. Abulafia
Gerência Editorial: Marisol Soto
Copidesque: Tatiana Paiva
Revisão: Doralice Daiana da Silva
Diagramação e Capa: Madalena Araújo

**Dados Internacionais de Catalogação na Publicação (CIP)
de acordo com ISBD**

S817i	Steffen, César	
	Inbound & Outbound: marketing aplicado para o digital / César Steffen. - Rio de Janeiro, RJ : Freitas Bastos, 2025.	
	132 p. : 15,5cm x 23cm.	
	ISBN: 978-65-5675-465-9	
	1. Marketing. 2. Marketing digital. 3. Estratégia. I. Título.	
		CDD 658.8
2024-4603		CDU 658.8

Elaborado por Odilio Hilario Moreira Junior - CRB-8/9949

Índice para catálogo sistemático:
1. Marketing 658.8
2. Marketing 658.8

Freitas Bastos Editora
atendimento@freitasbastos.com
www.freitasbastos.com

Professor-doutor com atuação em Comunicação, Marketing e Design. Produtor de conteúdo EAD em todos os níveis de ensino. Avaliador do BASIS (MEC). Atua na educação superior presencial e EAD e em consultoria empresarial, e no desenvolvimento de projetos de cursos de ensino superior em nível tecnológico, de bacharelado e especialização.

Consultor e assessor empresarial com 30 anos de experiência em Comunicação e Marketing voltados ao digital. Atua em empresas de pequeno, médio e grande portes prestando assessoria e consultoria nas áreas de planejamento, estratégias e *marketing* voltado ao digital. Visitou e realizou palestras em instituições de ensino e pesquisa no Brasil e no exterior, tendo participado como convidado, conferencista, ou apresentado pesquisas em eventos nacionais e internacionais.

Atuou como consultor dos programas de apoio do SEBRAE-RS, especialmente junto ao programa de incubadoras. Possui cinco livros e mais de duas dezenas de artigos publicados em periódicos qualificados no Brasil e no exterior.

Professor-Doutor em Comunicação Social (FAMECOS/PUCRS, 2010), graduado em Comunicação Social – Publicidade e Propaganda (UFRGS, 1997), com mestrado em Ciências da Comunicação (UNISINOS, 2004) e especialização em Educação a Distância (SENAC, 2008). Começou sua carreira no mercado de comunicação em 1992, inicialmente como redator em agências de publicidade, diretor de criação e *marketing* e, posteriormente, atuando como consultor em projetos de comunicação digital e *e-commerce*.

Aos meus amores Sônia e Sal.

*Se você for realmente relevante para o público,
ele prestará atenção em você.*

Martha Gabriel
Escritora, palestrante e consultora de *marketing* digital

Avisos:

- As ilustrações deste livro foram desenvolvidas pelo autor com apoio de sistema de inteligência artificial.
- As epígrafes que abrem os capítulos foram obtidas na internet.
- Os textos e demais conteúdos são de propriedade do autor e podem ser utilizados, desde que devidamente citados.

SUMÁRIO

13   **INTRODUÇÃO**

17   **CAPÍTULO 1**
Fundamentos e estratégias de *marketing* de conteúdo

35   **CAPÍTULO 2**
Uma jornada de informação e consumo

47   **CAPÍTULO 3**
Persona e LEADS: o alvo

63   **CAPÍTULO 4**
A atenção: Gatilhos mentais

77   **CAPÍTULO 5**
Atrair e conquistar: *Inbound Marketing*

93   **CAPÍTULO 6**
Abordar e vender: *Outbound Marketing*

103   **CAPÍTULO 7**
Construindo uma estratégia eficaz em *Inbound* e *Outbound*

119   **CAPÍTULO 8**
A união faz a força: *Inbound* & *outbound*

125   **CAPÍTULO 9**
Fechando...

129   **REFERÊNCIAS**

INTRODUÇÃO

Uma maneira de vender para um consumidor no futuro é simplesmente obter sua permissão com antecedência.

SETH GODIN

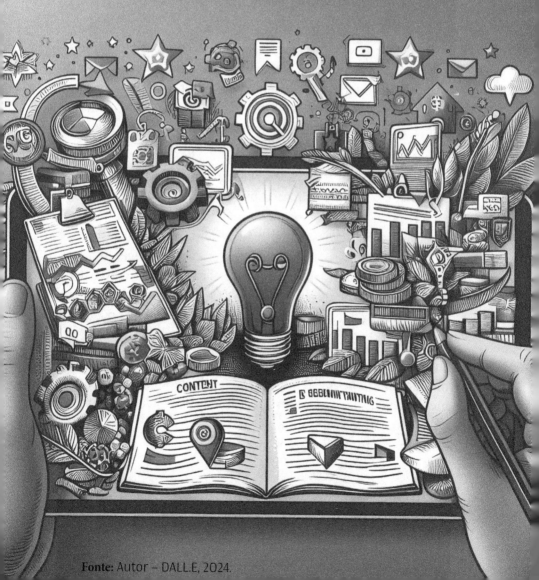

Fonte: Autor – DALL.E, 2024.

O termo *marketing* é como um fio condutor que atravessa todas as esferas do mundo empresarial, sempre presente em discussões informais entre colegas, nas salas de reuniões das grandes corporações e nos escritórios das *startups* promissoras. Desde os anos 1950, quando a noção de mercado, consumidor, produtos e serviços começou a se solidificar, a aplicação de técnicas e estratégias de *marketing* tornou-se não apenas uma prática comum, mas uma necessidade presente para qualquer empreendimento que deseje prosperar no ambiente competitivo e em constante evolução dos negócios.

Apesar de sua onipresença, o conceito de *marketing* é multifacetado e muitas vezes mal compreendido. Como destacado por Phillip Kotler, um dos precursores desse campo, *marketing* transcende a mera promoção de produtos ou serviços; é a arte e a ciência de entender profundamente o consumidor e adaptar-se às suas necessidades e desejos de forma holística.

No vasto universo do *marketing*, uma miríade de termos e estratégias se entrelaça, cada um com sua própria relevância e aplicação. Desde o *marketing* direto, voltado para um público específico, até o de massa, que busca alcançar um amplo espectro de consumidores, e o digital, que aproveita as tecnologias modernas para se comunicar de forma mais eficaz com o público-alvo, há uma infinidade de abordagens e técnicas disponíveis para as empresas se destacarem em um mercado saturado de opções.

No entanto, nos últimos anos, duas abordagens em particular têm chamado a atenção e despertado debates acalorados no mundo do *marketing*: o *inbound* e o *outbound marketing*. Estas metodologias, apesar de distintas em sua execução, compartilham o objetivo comum de atrair e envolver os consumidores de maneiras inovadoras e eficazes.

O *inbound marketing*, por exemplo, concentra-se em atrair clientes por meio da criação e distribuição de conteúdo relevante e valioso, que não apenas informa, mas também educa e inspira o público-alvo. Por sua vez, o *outbound marketing* adota uma abordagem mais tradicional, utilizando técnicas de publicidade e promoção direta para alcançar os consumidores de maneira mais imediata e assertiva.

Nas próximas páginas, mergulharemos mais fundo nessas duas vertentes do *marketing* contemporâneo, explorando suas nuances, estratégias e resultados. Partiremos de uma base sólida que permeia ambas as abordagens: o *marketing* de conteúdo. Ao entendermos como o conteúdo pode ser usado como uma ferramenta poderosa para atrair, envolver e converter clientes, estaremos preparados para explorar as complexidades do *inbound* e do *outbound marketing*, e seus impactos no mundo dos negócios modernos.

Boa leitura!

CÉSAR STEFFEN

CAPÍTULO 1
FUNDAMENTOS E ESTRATÉGIAS DE *MARKETING* DE CONTEÚDO

*Conteúdo constrói relacionamentos.
Relacionamentos são baseados em confiança.
Confiança gera receita.*

Andrew Davis

Fonte: Autor – DALL.E, 2024.

A história do *marketing* de conteúdo remonta ao final do século XIX, quando empresas visionárias começaram a perceber o poder de oferecer informações relevantes e valiosas aos seus clientes como uma maneira de construir relacionamentos e impulsionar vendas.

Um dos primeiros exemplos notáveis desse conceito é a criação da revista **The Furrow**, pela John Deere, uma empresa líder em implementos e equipamentos agrícolas nos Estados Unidos. No ano de 1895, a John Deere lançou esta revista, repleta de notícias, dicas e informações sobre agricultura, que não só educava e informava os agricultores, mas também apresentava os produtos da empresa de forma sutil. Essa iniciativa foi um marco na história do *marketing*, estabelecendo um modelo pioneiro de como o conteúdo pode ser usado como uma ferramenta eficaz para alcançar e engajar o público-alvo.

Outro exemplo emblemático surgiu na França, em 1900, quando a fabricante de pneus Michelin lançou o **Guia Michelin**. O guia fornecia informações úteis sobre viagens e destinos turísticos e destacava restaurantes e hotéis que ofereciam qualidade excepcional. As famosas estrelas Michelin, concedidas aos estabelecimentos de destaque, rapidamente se tornaram um símbolo de excelência gastronômica. Assim como **The Furrow**, o **Guia Michelin** exemplifica como o *marketing* de conteúdo pode ser usado para agregar valor à marca e estabelecer uma conexão duradoura com os consumidores.

> O *MARKETING* DE CONTEÚDO
> – **MESMO** NÃO TENDO SIDO
> CHAMADO ASSIM – É ANTERIOR
> AO *MARKETING* EM SI.

Esses exemplos pioneiros demonstram que, mesmo antes de o conceito moderno de *marketing* ser formalizado, as empresas já estavam explorando estratégias de conteúdo para alcançar seus objetivos comerciais. Enquanto os jornais e as revistas da época vendiam anúncios, **The Furrow** e o **Guia Michelin** foram além, oferecendo conteúdo informativo e relevante que fortalecia os laços entre as marcas e seus públicos-alvo.

É importante ressaltar que essas práticas precursoras continuam a inspirar e influenciar as estratégias de *marketing* de conteúdo contemporâneas. Afinal, sua essência permanece a mesma: fornecer valor aos clientes por meio de informações úteis e relevantes, enquanto simultaneamente promove os produtos e serviços da empresa.

Esses exemplos históricos ilustram a importância de entender o público-alvo, oferecer conteúdo de qualidade e criar experiências significativas para os clientes, princípios que continuam a impulsionar o sucesso das estratégias de *marketing* de conteúdo nos dias de hoje.

A Ford apresentou sua nova SUV, Ford Edge, em 2008, inserindo-a no filme "007 – The Quantum of Solace".

A Chevrolet patrocinou a franquia "Transformers" para apresentar sua linha de carros nos EUA.

A Samsung desenvolveu em celular especialmente para o segundo filme da trilogia "Matrix".

> A Nike foi uma personagem importante no filme "Do que as mulheres gostam", sendo cliente da agência de propaganda onde o personagem principal trabalhava.
>
> A Apple e a Dell são os equipamentos mais usados em filmes de espionagem.
>
> É comum vermos bancos, refrigerantes, cervejas, carros, *smartphones*, *notebooks* e outros produtos junto aos personagens de novelas, séries e mais. O *product placement* se faz presente inserindo as marcas nos conteúdos que atraem a atenção dos consumidores, e também gerando novas formas de patrocínio para as produções.

O conteúdo em suas diversas formas e formatos se tornou o epicentro das estratégias de *marketing* contemporâneas, representando um dos pilares fundamentais na conquista e manutenção de posições de destaque no mercado.

É crucial entender que o conteúdo não se limita apenas ao que a marca tem a oferecer; ele vai além, incorporando as expectativas, os desejos e as aspirações dos consumidores. O conteúdo é percebido como algo de valor para suas vidas, enriquecendo seu cotidiano de diversas maneiras.

Podemos encontrar conteúdo em diferentes expressões, desde artigos informativos até áudios cativantes, vídeos envolventes, *posts* de *blogs* e muito mais. Inclusive, é interessante observar como os memes têm se tornado uma ferramenta cada vez mais utilizada pelas marcas para se conectar com seu público de forma autêntica e relevante.

A essência do *marketing* de conteúdo é bastante simples: em vez de interromper e impor mensagens de venda, busca-se atrair a atenção do público oferecendo um conteúdo que seja valioso e atrativo. A ideia é estabelecer um relacionamento genuíno com os consumidores, baseado na confiança e no engajamento, em vez de se concentrar exclusivamente na venda direta.

Por meio dessa abordagem, as marcas têm a oportunidade de conquistar a lealdade dos clientes a longo prazo, nutrindo relacionamentos que se desenvolvem e se fortalecem ao longo do tempo. Dessa forma, o conteúdo se torna não apenas uma ferramenta de *marketing*, mas também um veículo poderoso para construir e manter conexões significativas com o público-alvo, gerando resultados consistentes a médio e longo prazos.

Em resumo, o *marketing* de conteúdo oferece às marcas a oportunidade de promover seus produtos ou serviços, além de se tornarem fontes confiáveis de informação, entretenimento e inspiração para seus consumidores, construindo assim relacionamentos sólidos e duradouros que transcendem a mera transação comercial.

1.1 Estratégias para atrair e conquistar

O conteúdo de valor é aquele que atende às necessidades, aos desejos e aos interesses do consumidor de forma relevante e significativa. Em outras palavras, é o tipo de conteúdo que ressoa com o público-alvo, oferecendo informações, *insights* ou entretenimento que agregam genuíno benefício às suas vidas.

Esse tipo de conteúdo pode assumir diversas formas e formatos, desde artigos informativos e tutoriais práticos até vídeos inspiradores e infográficos esclarecedores. O que importa é que ele seja capaz de capturar a atenção e o interesse do consumidor, fornecendo-lhe valor tangível e impactante.

Para ser considerado conteúdo de valor, é essencial que ele seja relevante para o público-alvo em questão. Isso significa entender profundamente quem são esses consumidores, quais são seus problemas, necessidades e aspirações, e criar conteúdo que responda a essas demandas de maneira autêntica e útil.

Além disso, o conteúdo de valor também deve ser envolvente e cativante o suficiente para prender a atenção do público e incentivá-lo a interagir e se envolver com a marca, a empresa, o produto ou serviço. Isso pode incluir o uso de narrativas envolventes, elementos visuais atrativos e uma linguagem que ressoe com a audiência.

Em síntese, o conteúdo de valor é aquele que vai além de simplesmente promover produtos ou serviços, oferecendo uma experiência significativa e relevante para o consumidor. Ao fornecer informações úteis, educativas ou inspiradoras, as marcas têm a oportunidade de construir relacionamentos sólidos e duradouros com seu público-alvo, aumentando assim sua relevância e impacto no mercado.

Se você fosse para uma ilha deserta, escolheria levar amigos ou livros e revistas? Então, o conteúdo é algo para interagir, debater, "ter o que falar", mas as relações humanas continuam sendo o mais importante. E o conteúdo deve ser pensado, planejado tendo isso em foco.

O *marketing* de conteúdo é uma abordagem estratégica essencial para empresas de todos os tipos, tamanhos, setores e posicionamentos no mercado. Sua aplicabilidade abrange desde pequenos empreendimentos locais até grandes corporações globais, pois oferece uma maneira eficaz de alcançar e envolver o público-alvo, independentemente do contexto específico de cada negócio.

Por meio do *marketing* de conteúdo, as empresas podem construir uma presença *online* sólida, estabelecer autoridade em seu setor e fortalecer o relacionamento com os clientes. Ao oferecer conteúdo valioso e relevante, elas conseguem atrair a atenção do público, gerar engajamento e, por fim, impulsionar as vendas.

Além disso, o *marketing* de conteúdo é altamente flexível e adaptável, o que o torna adequado para uma ampla variedade de estratégias e objetivos de negócios. Seja por meio de *blogs*, vídeos, *podcasts*, mídias sociais, *e-books* ou *webinars*, as empresas podem escolher os formatos e canais que melhor se adéquam às suas necessidades e ao seu público-alvo.

Essa abordagem estratégica ajuda as empresas a se destacarem da concorrência, além de colocá-las em uma posição vantajosa para conquistar a confiança e a lealdade dos clientes a longo prazo. Ao investir no fornecimento de conteúdo de valor, as empresas demonstram seu compromisso em entender e atender às necessidades do público, o que contribui significativamente para o sucesso e a sustentabilidade do negócio.

Portanto, o *marketing* de conteúdo não é apenas uma tendência passageira, mas, sim, uma parte essencial do panorama atual de *marketing*, com o potencial de impulsionar o crescimento e o sucesso de empresas de todos os setores e tamanhos. É uma estratégia que, quando executada de forma eficaz e consistente, pode gerar resultados tangíveis e duradouros para as organizações. Então é interessante trazer a definição de *marketing* de conteúdo do *Content Marketing Institute* (2016):

> O marketing de conteúdo é uma abordagem estratégica de marketing focada na criação e distribuição de conteúdo valioso, relevante e consistente para atrair e reter um público claramente definido – e, em última instância, para impulsionar a ação do cliente lucrativo.

O *marketing* de conteúdo abrange uma ampla gama de formatos e canais, todos projetados para oferecer conteúdo relevante e valioso para o público-alvo da empresa. Desde os meios digitais, como vídeos no YouTube ou TikTok, *posts* nas redes sociais como Instagram, até formas mais tradicionais, como revistas temáticas, livros de receitas e matérias pagas em jornais e revistas, todas essas formas de conteúdo têm o potencial de atrair a atenção e envolver o público de maneira significativa.

O foco do *marketing* de conteúdo é criar e distribuir conteúdo que ressoe com as necessidades, os interesses e as preferências das personas da empresa. Ao entender profundamente quem elas são e o que as motiva, as empresas podem criar conteúdo que seja genuinamente cativante e relevante para elas.

Essa abordagem não se limita apenas a atrair a atenção do público; ela também visa estabelecer e nutrir relacionamentos significativos que possam levar a conversões e vendas a curto, médio ou longo prazos. Ao oferecer conteúdo de valor e construir confiança com o público, as empresas podem aumentar a probabilidade de que os consumidores escolham seus produtos ou serviços quando estiverem prontos para comprar.

Portanto, o *marketing* de conteúdo é uma estratégia versátil e eficaz que pode ser adaptada às necessidades e aos objetivos específicos de cada empresa. Ao investir na criação e distribuição de conteúdo relevante e envolvente, as empresas podem construir uma presença *online* sólida, conquistar a confiança do público e impulsionar o crescimento e o sucesso do negócio a longo prazo.

No contexto do *inbound marketing*, o conteúdo tem um papel essencial, é um dos pilares dos passos e do planejamento estratégico. E mesmo as abordagens do *outbound* não abrem mão do conteúdo como elemento de conquista de atenção, de atração e relacionamento.

O *marketing* de conteúdo está profundamente entrelaçado com as estratégias de *marketing* contemporâneas, sendo uma ferramenta essencial tanto nas plataformas digitais quanto nos meios analógicos ou *offline*. Seu principal objetivo, como apontado por Yi Lin (2014), é atrair a atenção do consumidor oferecendo algo de valor, envolvendo-o com novas ofertas em intervalos regulares e, consequentemente, construindo percepções positivas em relação à marca, ao produto ou ao serviço.

Essa abordagem estratégica se concentra na distribuição gratuita de informações variadas, todas voltadas para os benefícios e as necessidades do consumidor. Por meio de formatos diversificados, como artigos, vídeos, infográficos, podcasts e muito mais, as estratégias de conteúdo visam atender às demandas específicas do público-alvo, oferecendo soluções, dicas e *insights* relevantes.

Além disso, as estratégias de conteúdo estão intrinsecamente ligadas ao posicionamento da marca, do produto ou do serviço. O posicionamento é essencialmente a promessa de valor que a empresa faz ao seu público, e essa promessa é traduzida e reforçada por meio do conteúdo em seus diversos formatos.

Assim, o *marketing* de conteúdo desempenha um papel crucial na construção e comunicação da identidade da marca, ajudando-a se diferenciar da concorrência e a criar conexões significativas com seu público-alvo. Ao fornecer conteúdo de valor, relevante e oportuno, as empresas podem fortalecer sua posição no mercado, aumentar a fidelidade dos clientes e impulsionar o crescimento e o sucesso a longo prazo.

A "Drumeo" é uma startup de cursos online focada em bateria e percussão – drums, em inglês. Para atrair a atenção, a empresa tem feito ações com bateristas conhecidos em vídeos gratuitos na rede, que tocam música diferentes de seu estilo. Um exemplo é o baterista do RHCP, Chad Smith, que foi convidado a fazer, ao vivo e de improviso, a percussão de uma da banda "30 Seconds to Mars", que ele afirma nunca ter ouvido antes. Isso chamou a atenção, e gerou buzz e tráfego na rede, aumentando a visibilidade da empresa. Não conhece? Procure por "Drumeo" no YouTube ou nas redes sociais.

Ah, a empresa também oferece cursos de piano, violão e guitarra, e de vocal, mas com outros nomes, claro.

Mas lembre-se: é importante manter a consistência e a unicidade da proposta de conteúdo em linha com o posicionamento da marca, é essencial adaptar e personalizar essa mensagem para cada meio, veículo e fase da estratégia de *marketing*.

Cada plataforma e canal de comunicação tem suas próprias características e público-alvo específico, o que significa que uma abordagem única não será eficaz em todos os casos. Por exemplo, o conteúdo compartilhado no Instagram pode precisar ser mais visual e envolvente, enquanto no LinkedIn pode ser mais profissional e informativo. Da mesma forma, a mensagem transmitida em um vídeo pode diferir daquela em um *post* de *blog*, dependendo do formato e do público-alvo.

Além disso, diferentes períodos do ano e fases da estratégia podem exigir ênfases diferentes nos argumentos e temas abordados. Por exemplo, durante a temporada de festas, pode ser benéfico destacar ofertas especiais e promoções sazonais, enquanto em outras épocas do ano pode ser mais relevante focar em conteúdo educacional ou inspirador.

A chave para o sucesso é encontrar o equilíbrio certo entre consistência e adaptação. É importante manter a mensagem central da marca intacta, mas também ser flexível e ágil o suficiente para ajustar essa mensagem conforme necessário para atender às demandas e preferências do público em diferentes contextos e momentos.

Ao fazer isso, as empresas podem garantir que sua estratégia de *marketing* de conteúdo seja eficaz, relevante e impactante em todas as plataformas e situações, maximizando assim suas chances de sucesso e crescimento no mercado

Em toda ação e estratégia de conteúdo é indispensável ter coerência, e lembrar que no *marketing* tudo e todos que estão em contato com o mercado falam com o consumidor e, assim, precisam agir de forma coerente com o posicionamento adotado. Lembra do caso do entregador de Pepsi fotografado tomando Coca-Cola, que virou meme na internet? E da funcionária da Coca-Cola que viralizou sua demissão por tomar guaraná? Esses são alguns exemplos básicos de erros que podem acontecer – são comuns – e que prejudicam a estratégia como um todo. Logo, o *marketing* de conteúdo não deve orientar somente as ações de conteúdo, mas também as ações da empresa como um todo, mantendo a coerência do posicionamento.

Há um ponto fundamental e decisivo no *marketing* de conteúdo: o foco deve estar sempre nas necessidades e nos desejos do consumidor. Embora o posicionamento da empresa possa valorizar aspectos específicos no mercado e diferenciar-se da concorrência, é vital que o conteúdo estabeleça uma conexão genuína entre esse posicionamento e as expectativas do público.

O conteúdo não é apenas uma ferramenta para atrair e manter relacionamentos com os consumidores; ele também exerce uma função fundamental na construção e na manutenção do posicionamento da marca. Para isso, é essencial que o conteúdo entregue aquilo que o consumidor deseja e necessita.

Se o consumidor busca informações técnicas detalhadas, é importante fornecê-las de maneira clara e precisa. Se ele está em busca de dicas e soluções para seus problemas, o conteúdo deve oferecer *insights* úteis e práticos. Se precisa de orientação sobre como utilizar o produto ou serviço, vídeos demonstrativos podem ser uma ótima opção. E se busca segurança em relação ao produto ou serviço oferecido, depoimentos de especialistas ou personalidades respeitadas podem ser muito eficazes.

Em resumo, o conteúdo deve estar alinhado com as necessidades e expectativas do consumidor, priorizando sempre seu ponto de vista e suas demandas. Tentar impor pautas ou temas que não estejam alinhados com essas necessidades pode resultar em uma desconexão com o público e comprometer a eficácia da estratégia de *marketing* de conteúdo. Portanto, é primordial manter o foco no consumidor e garantir que o conteúdo entregue valor real e relevante para ele.

> **A DEMANDA DE CONTEÚDO PRECISA SER ANALISADA, VERIFICADA, CONSTRUÍDA EM RELAÇÃO AO CONSUMIDOR, E, EM TEMPOS DE INTERNET, MONITORADA PERMANENTEMENTE DE FORMA A VALIDAR AS ESTRATÉGIAS OU, SE FOR PRECISO, CORRIGIR RUMOS.**

A escolha da linguagem adequada é um ponto central na eficácia do *marketing* de conteúdo. A linguagem deve estar alinhada não apenas com o campo semântico relevante para o público-alvo, mas também com suas expectativas e preferências de comunicação.

Ao usar uma linguagem que ressoa com o público-alvo, as empresas podem aumentar significativamente a probabilidade de que suas mensagens sejam compreendidas, aceitas e absorvidas pelo público. Isso significa adaptar o tom, o estilo e o vocabulário do conteúdo de acordo com as características demográficas, comportamentais e psicográficas do público-alvo.

Por exemplo, se o público-alvo for jovem e engajado com a cultura da internet, pode ser apropriado utilizar gírias e linguagem coloquial em um *post* de mídia social. No entanto, se o público for mais formal e profissional, uma linguagem mais técnica e objetiva pode ser mais apropriada em um *e-mail marketing* ou relatório.

Além disso, é importante considerar o contexto em que o conteúdo será consumido. Por exemplo, se for um vídeo tutorial, a linguagem deve ser clara e direta, com instruções passo a passo fáceis de entender. Se for um artigo informativo, a linguagem deve ser mais descritiva e educativa, fornecendo *insights* e informações detalhadas sobre o tema.

Em suma, a escolha da linguagem adequada é essencial para garantir a eficácia do *marketing* de conteúdo. Ao adaptar a linguagem às características e expectativas do público-alvo, as empresas podem maximizar o impacto de suas mensagens e aumentar a probabilidade de engajamento e conversão.

> "Campo semântico" refere-se aos sentidos, aos entendimentos, ao conjunto de assuntos, temas, expressões que fazem parte do domínio, do interesse e são facilmente compreendidos pelo receptor. Uma outra forma de tratar de linguagem adequada ao público.

A estratégia de conteúdo vai muito além da simples criação de conteúdos; ela envolve uma série de etapas fundamentais que incluem pesquisa, análise e planejamento detalhados.

Antes de criar qualquer conteúdo, é essencial compreender profundamente o público-alvo, suas necessidades, preferências e comportamentos. Isso requer pesquisa de mercado para entender o contexto competitivo, analisar a concorrência direta e indireta, e identificar lacunas e oportunidades no segmento.

Ademais, é importante avaliar o que já está sendo oferecido em termos de informação gratuita e paga no mercado, tanto pela concorrência quanto por outras fontes. Isso ajuda a identificar tendências, entender as expectativas do público e encontrar maneiras de se diferenciar e agregar valor por meio do conteúdo.

Uma vez que todas essas informações tenham sido coletadas e analisadas, é possível desenvolver uma estratégia de conteúdo sólida e orientada ao consumidor. Isso envolve a definição de objetivos claros, a escolha dos meios e canais mais adequados para alcançar o público-alvo e a criação de mensagens e narrativas que ressoem com suas necessidades e interesses.

Ao captar, sistematizar e organizar todas essas informações, as empresas podem orientar o desenvolvimento de ações de conteúdo precisas e eficazes, projetadas para atrair e manter o consumidor interessado, próximo à marca, ao produto ou ao serviço. Essa abordagem baseada em dados e *insights* ajuda a maximizar o impacto do conteúdo e a aumentar as chances de sucesso a longo prazo.

Você sabia que existe um lugar do mundo onde a Coca-Cola já foi vendida em latas azuis? Sim, isso aconteceu em Parintins durante o festival anual do Bumba Meu Boi. Como as agremiações que disputam o festival têm, cada uma, as cores vermelha e azul, a marca alterou a cor das latas para, digamos, "agradar" a todos. E várias outras marcas, como Bradesco, Skol, TIM e outras seguiram o exemplo, mudando suas cores. A força da cultura local afetando as marcas, e uma ótima estratégia para gerar não somente engajamento local, mas também conteúdo global, pois o assunto foi notícia no mundo todo, e reforçou o posicionamento da marca em relação ao conceito de felicidade.

Note que **o processo de planejamento do *marketing* de conteúdo afeta todos os aspectos do relacionamento com o mercado e os clientes**, tanto atuais quanto futuros. Para garantir o sucesso do *marketing* de conteúdo, é essencial conhecer profundamente o mercado, a concorrência, os canais de distribuição disponíveis e, principalmente, o comportamento do consumidor.

Aqui estão os elementos indispensáveis para o planejamento do *marketing* de conteúdo:

1. **Pesquisa de mercado:** esta etapa é crucial para compreender em detalhes o cenário em que a empresa atua e onde o conteúdo circulará, gerando impacto e resultados.

2. **Posicionamento:** define como a empresa deseja ser vista e percebida no mercado, o que geralmente está alinhado ao planejamento estratégico geral da empresa.

3. **Persona:** representa o cliente ideal, contendo características específicas dos consumidores, podendo haver mais de uma persona para atender diferentes perfis.

4. **Jornada de compra:** identifica os estágios pelos quais o consumidor passa em sua interação com o conteúdo e outras ações, indicando seu potencial de compra e o tempo estimado para isso.

5. **CTA (*Call to Action*):** elemento fundamental do conteúdo que incentiva o consumidor a realizar uma ação específica, alinhando-se com a jornada de compra.

6. **Conteúdo:** o cerne da estratégia, oferecido em diversos formatos e canais, como *blogs*, vídeos, redes sociais, revistas, jornais, entre outros.

O *marketing* de conteúdo desempenha, sem dúvida, um papel determinante no cenário de mercado atual, destacando a empresa e construindo sua imagem e posicionamento entre os públicos desejados. Compreender a jornada do consumidor é essencial para orientar a criação e distribuição do conteúdo de forma eficaz, levando em consideração as necessidades, os desejos e os comportamentos dos clientes ao longo do processo de compra. Por isso, é importante compreender em detalhes a jornada do consumidor, ou jornada de compras, ou ainda funil de vendas, o que será abordado a seguir.

CAPÍTULO 2

UMA JORNADA DE INFORMAÇÃO E CONSUMO

O bom conteúdo é a melhor ferramenta de vendas do mundo.

Marcus Sheridan

Fonte: Autor – DALL.E, 2024.

A jornada de compras, muitas vezes representada como um funil de vendas, é uma representação visual das etapas e processos que um consumidor percorre desde o momento em que percebe uma necessidade ou problema até a conclusão da compra e avaliação do produto ou serviço. Essas etapas podem variar dependendo do modelo específico adotado pela empresa, mas geralmente incluem as seguintes fases:

- **Consciência:** nesta fase, o consumidor reconhece que possui um problema ou necessidade a ser resolvido. Ele pode ainda não estar ciente das soluções disponíveis ou das marcas que as oferecem.

- **Consideração:** o consumidor começa a pesquisar e buscar informações sobre possíveis soluções para seu problema. Ele avalia diferentes opções e considera os benefícios e as características de cada uma delas.

- **Decisão:** após reunir informações e considerar suas opções, o consumidor está pronto para tomar uma decisão de compra. Ele pode comparar preços, avaliar as vantagens competitivas de cada marca e produto, e finalmente escolher a melhor opção para suas necessidades.

- **Compra:** nesta fase, o consumidor efetua a compra do produto ou serviço escolhido. Isso pode envolver a realização de uma transação *online*, em uma loja física ou por meio de outros canais de venda.

- **Avaliação pós-compra:** após a compra, o consumidor avalia sua experiência e satisfação com o produto ou serviço adquirido. Isso pode influenciar suas decisões futuras de compra e sua lealdade à marca.

COMO UM MAPA, A JORNADA INDICA, ESQUEMATIZA E SISTEMATIZA OS PASSOS, AS AÇÕES, AS ESTRATÉGIAS USADAS, APLICADAS PELOS CONSUMIDORES NA SUA RELAÇÃO E DECISÃO DE COMPRA.

Essas etapas podem ser representadas visualmente como um funil de vendas, onde o número de consumidores diminui à medida que avançam pelo processo, passando da fase inicial de conscientização até a fase final de compra e avaliação. Compreender a jornada de compras do consumidor é essencial para criar estratégias de *marketing* de conteúdo eficazes, que atendam às necessidades e às expectativas dos clientes em cada estágio do processo.

Fonte: Autor – DALL.E, 2024.

> Funil de vendas e jornada de compras ou jornada do consumidor são, na prática, denominações diferentes para as análises e representações de um mesmo processo, a forma como o consumidor percebe uma necessidade, busca informações e decide uma compra.

A jornada de compra é essencial para compreender o comportamento do consumidor e avaliar o impacto das estratégias de *marketing* de conteúdo. De fato, a jornada de compra permite identificar como os consumidores se relacionam com um produto ou serviço e entender como eles percebem os diferenciais e as ofertas de valor dos concorrentes.

Ao mapear a jornada de compra, as empresas podem acompanhar o progresso dos consumidores em direção à decisão de compra, desde a fase inicial de conscientização até a fase final de avaliação pós-compra. Isso permite que as empresas identifiquem oportunidades para fornecer conteúdo relevante e direcionado em cada estágio do processo, apoiando e auxiliando os consumidores em suas decisões.

Por meio da análise da jornada de compra, é possível compreender em que ponto do processo decisório o consumidor se encontra e quais são suas necessidades e preocupações específicas em cada fase. Isso permite que as empresas criem estratégias de conteúdo mais eficazes, fornecendo informações úteis e relevantes que ajudam os consumidores a avançarem em sua jornada de compra.

Embora seja importante reconhecer que o comportamento humano é complexo e pode variar de pessoa para pessoa, entender a jornada de compra fornece uma estrutura valiosa para orientar as estratégias de *marketing* de conteúdo e garantir que o conteúdo seja entregue no momento certo e de maneira relevante para o consumidor.

É IMPORTANTE LEMBRAR A MUDANÇA QUE OCORREU COM A ASCENSÃO DOS MEIOS DIGITAIS.

A internet e os meios digitais trazem uma mudança fundamental na dinâmica da comunicação e do *marketing* com o surgimento e o crescimento da internet. Antes da era digital, os consumidores eram geralmente passivos em relação às informações, e a estratégia de comunicação baseava-se na interrupção, ou seja, na inserção de comerciais e conteúdos que interrompiam os programas de interesse do consumidor.

No entanto, com a ascensão do meio digital, a lógica da interação e do relacionamento tornou-se predominante. Os consumidores agora têm mais controle sobre o que consomem e como interagem com as marcas. Nesse contexto, os conteúdos e as informações devem atrair a atenção, despertar interesse e envolver o público-alvo de maneira significativa.

Já não basta simplesmente interromper o consumidor com mensagens publicitárias; isso pode até mesmo gerar efeitos negativos sobre a marca. Em vez disso, é importante atrair a atenção do consumidor oferecendo algo de valor, relevante e interessante para ele. Essa abordagem está alinhada com os princípios fundamentais do *marketing* de conteúdo, que preconizam o fornecimento de conteúdo útil e envolvente para o público-alvo.

Portanto, no ambiente digital atual, as marcas precisam adotar uma abordagem mais centrada no consumidor, criando conteúdos que sejam autênticos, relevantes e capazes de estabelecer conexões genuínas com seu público-alvo. Ao fazer isso, as marcas podem construir relacionamentos mais fortes e duradouros com os consumidores, aumentando sua fidelidade e impulsionando o crescimento do negócio.

Imagine que você se interessou por um aplicativo ou treinamento de dieta e passou seu *e-mail*. Você entrou no topo do Funil, e passará a receber mensagens com *cases*, históricos de sucesso, sugestões de exercícios, e mais assuntos ou temas que giram nesse entorno, sempre acompanhadas de uma oferta financeira imperdível.

A representação gráfica da jornada do cliente, muitas vezes na forma de um diagrama ou infográfico, é uma ferramenta valiosa para os produtores de conteúdo e profissionais de *marketing*. Esse visual permite uma compreensão clara e direta de todas as etapas pelas quais um cliente potencial passa, desde o momento em que percebe uma necessidade ou problema até a conclusão da compra e além.

A jornada do cliente pode ser dividida em estágios distintos, como conscientização, consideração, decisão e pós-compra, cada um com suas próprias características e necessidades de conteúdo. Ao mapear esses estágios em um formato visual, os produtores de conteúdo podem identificar facilmente onde seus esforços de conteúdo se encaixam e quais estratégias são mais apropriadas para cada fase da jornada.

Além disso, a representação visual da jornada do cliente permite uma comunicação mais eficaz entre os membros da equipe de *marketing* e outras partes interessadas, ajudando todos a entenderem o processo de tomada de decisão do cliente e a alinhar suas estratégias e iniciativas de conteúdo de acordo.

> A REPRESENTAÇÃO GRÁFICA DA JORNADA DO CLIENTE É UMA FERRAMENTA PODEROSA PARA OS PRODUTORES DE CONTEÚDO, PERMITINDO UMA COMPREENSÃO CLARA E DIRETA DAS ETAPAS DO PROCESSO DE COMPRA DO CLIENTE E ORIENTANDO O DESENVOLVIMENTO DE ESTRATÉGIAS DE CONTEÚDO EFICAZES EM CADA FASE.

Assim, é importante conhecer e reconhecer as etapas da jornada. Conforme Kotler *et al.* (2017), Révilion *et al.* (2019) e Oliveira *et al.* (2021), a jornada de compra se organiza em algumas etapas e passos básicos e comuns a todos os produtos e serviços, que são:

- **Aprendizado ou descoberta** – momento em que o consumidor percebe um incômodo, uma falta, uma necessidade ou desejo não totalmente formado, formatado ou consciente, mas já presente. Ele ainda não sabe exatamente como resolvê-lo, nem mesmo estabeleceu a prioridade de solução. Aqui a estratégia de conteúdo deve focar em nutrir, fomentar essa necessidade nele, mostrando que o problema pode ser ainda maior, despertando e solidificando a necessidade. Aqui uma forma de construir o conteúdo pode ser trabalhar os conceitos de benefícios diretos do produto ou serviço, destacando do cenário geral e da concorrência.

- **Reconhecimento do problema** – nesta etapa o consumidor percebeu, reconheceu o problema, a necessidade ou desejo, compreendendo o impacto que gera em sua vida, seu cotidiano. Neste ponto as estratégias de conteúdo devem ter por objetivo capturar a sua atenção mostrando possíveis soluções, apresentando e valorizando os diferenciais do produto ou serviço. Uma abordagem possível de conteúdo é o esquema "problema x solução" ou "saiba mais", que expõe a problemática envolvida colocando o produto, o serviço ou a marca como possível solução.

- **Análise das soluções** – neste momento da jornada o consumidor já está pesquisando possíveis soluções para o problema reconhecido. Neste ponto o tempo que será dispensado está diretamente ligado ao impacto e à importância da compra para o consumidor. Assim, um produto de alta complexidade, de alto valor e impacto, como um carro ou *notebook*, tende a ter mais opções avaliadas, mais informações pesquisadas e, logo, mais tempo investido do que a compra de um lanche, por exemplo.

   Neste ponto a estratégia de conteúdo deve conduzir o consumidor a entender, compreender e identificar que o produto ou serviço é uma boa, a melhor solução para ele mostrar as vantagens e os diferenciais de forma clara e criar senso de urgência. Nesse ponto de partida, pode ser interessante para o consumidor compreender como a empresa, a marca, o produto ou os serviços se preocuparam em gerar soluções aplicadas ao problema.

- **Decisão** – avaliadas e analisadas as opções, é o momento em que o consumidor decidiu o que e como irá comprar. Neste momento, a estratégia de conteúdo deve reforçar os benefícios e diferenciais da marca, da empresa, do produto ou do serviço, até mesmo oferecendo amostras e testes gratuitos, de forma a reforçar e validar a decisão tomada, se for favorável à empresa, ou a mudá-la. Ou seja, hora de o conteúdo trazer, mostrar tudo o que o produto ou serviço oferece de melhor, de mais qualidade, de positivo para o mercado, posicionando-se frente aos consumidores e em relação aos concorrentes. Então aqui bônus, testes, versões gratuitas de avaliação, depoimentos de especialistas e até mesmo comparativos podem ser a diferença na luta pela escolha do consumidor.

- **Avaliação e validação** – esta etapa está "fora" da jornada, do funil propriamente dito, pois se considera que, no momento em que o consumidor comprou, adquiriu, ele retorna para o início da jornada, o topo do funil, devendo ser nutrido de outras formas. Aliás, não é incomum, e é recomendável, que as empresas utilizem jornadas de compra ou funis diferentes para clientes novos e recorrentes. Então, é preciso considerá-la porque é o momento em que o consumidor irá avaliar como se posiciona em relação às ações de que lançou mão, podendo assim voltar a comprar ou não. Aqui é importante observar as métricas e buscar compreender como o consumidor se percebeu, sentiu sua compra, sua decisão, seu processo, e assim desenvolver argumentos que reforcem sua satisfação, reduzam barreiras e estimulem novas compras.

Fonte: Autor – DALL.E, 2024.

 É muito importante manter em foco, durante todo o desenvolvimento de conteúdo, a persona ou as personas desenvolvidas, pois elas devem ser o guia das estratégias. Com base em seus perfis, o conteúdo tende a ser mais assertivo e focado, aumentado assim os resultados.

A pergunta a ser feita, então, para iniciar o processo de decisão e construção das estratégias de conteúdo é: qual conteúdo é realmente relevante para o consumidor? Ao aplicar a pergunta sobre a relevância do conteúdo em cada etapa da jornada do consumidor, as empresas podem criar estratégias de conteúdo mais eficazes que atendam às necessidades e aos interesses do público-alvo em cada ponto do processo de compra. Isso não só aumenta as chances de conversão, mas também fortalece o relacionamento com os clientes, construindo confiança e lealdade à marca, e transformando a audiência em clientes – ou em LEADs, o que vamos abordar no próximo capítulo.

CAPÍTULO 3

PERSONA E LEADS: O ALVO

Quando criar conteúdo, seja a melhor resposta para o que as pessoas procuram na internet.

Andy Crestodina

Fonte: Autor – DALL.E, 2024.

A persona é uma ferramenta vital no *marketing* que representa um perfil fictício do cliente ideal de um negócio. Ela é construída com base em dados reais sobre o comportamento e as características demográficas dos clientes existentes, bem como em *insights* qualitativos sobre suas motivações, objetivos, desafios e preocupações.

A criação de personas permite que as empresas entendam melhor quem são seus clientes-alvo, o que eles valorizam, quais são seus problemas e como eles tomam decisões de compra. Isso, por sua vez, ajuda as empresas a personalizarem suas estratégias de *marketing* e comunicação para atender às necessidades específicas de cada segmento de público.

Ao desenvolver personas detalhadas, as empresas podem:

- **Personalizar mensagens:** criar conteúdo e comunicações que ressoam com as necessidades e os interesses únicos de cada persona.
- **Direcionar campanhas:** segmentar campanhas de *marketing* de forma mais eficaz, direcionando mensagens específicas para cada persona.
- **Desenvolver produtos e serviços:** adaptar produtos e serviços para atender às necessidades e preferências das personas, garantindo maior relevância e aceitação no mercado.
- **Melhorar a experiência do cliente:** oferecer uma experiência personalizada e sob medida para cada persona, aumentando a satisfação e a fidelidade do cliente.

As personas são uma ferramenta essencial para entender e atender melhor o público-alvo de uma empresa, permitindo uma abordagem mais centrada no cliente e mais eficaz em suas estratégias de *marketing*.

A PERSONA GUIA AS ESTRATÉGIAS DE CRIAÇÃO DE CONTEÚDO NO *MARKETING* DIGITAL.

Personas contribuem significativamente na organização e direcionamento das estratégias de conteúdo, proporcionando uma compreensão clara e detalhada do público-alvo da empresa. Aqui estão algumas maneiras pelas quais as personas facilitam e melhoram as estratégias de conteúdo:

1. **Direcionamento preciso:** ao criar personas detalhadas, as empresas podem direcionar suas mensagens de conteúdo para segmentos específicos do público-alvo, garantindo maior relevância e impacto.

2. **Personalização efetiva:** com base nas características e preferências das personas, as empresas podem personalizar o conteúdo para atender às necessidades e aos interesses específicos de cada segmento de público.

3. **Melhor engajamento:** ao compreender melhor quem são seus consumidores, as empresas podem desenvolver conteúdo mais envolvente e relevante, aumentando o engajamento e a interação com a audiência.

4. **Criação de conteúdo relevante:** as personas servem como guias para a criação de conteúdo que ressoa com os interesses e as preocupações do público-alvo, resultando em mensagens mais direcionadas e eficazes.

5. **Otimização de canais e formatos:** com base nas preferências e nos comportamentos das personas, as empresas podem selecionar os canais e os formatos de conteúdo mais adequados para alcançar e envolver sua audiência de maneira eficaz.

> As personas são essenciais para orientar e otimizar as estratégias de conteúdo, garantindo que as mensagens certas sejam entregues para as pessoas certas, nos momentos certos. Isso aumenta a eficácia das campanhas de *marketing*, fortalece o relacionamento com os clientes e impulsiona os resultados do negócio.
>
>  Pedro Paulo tem 26 anos, é recém-formado e pensa em se desenvolver profissionalmente por meio de um curso no exterior, pois adora viajar. É solteiro, sempre quis fazer um intercâmbio e sai para *happy hour* pelo menos três vezes por semana.

A construção de personas é um processo que requer uma compreensão profunda do público-alvo da empresa, tanto dos clientes atuais quanto daqueles que a empresa deseja atrair. Aqui estão algumas etapas importantes para construir personas eficazes:

- **Coleta de dados do *Customer Relationship Management* (CRM) e bases de dados:** analise os dados do (CRM) e outras bases de dados da empresa para identificar padrões de comportamento de compra, preferências de produto, demografia e outras informações relevantes sobre os clientes existentes.

- **Realização de pesquisas:** realize pesquisas de mercado para coletar *insights* adicionais sobre o público-alvo, incluindo suas necessidades, desejos, motivações, desafios e preferências de comunicação.

- **Entrevistas e entrevistas em profundidade:** conduza entrevistas e entrevistas em profundidade com clientes atuais e potenciais para obter uma compreensão mais detalhada de suas experiências, opiniões e expectativas em relação à marca, aos produtos ou aos serviços.

- **Análise de dados de consumo e comportamento *online*:** analise os padrões de consumo e comportamento *online* do público-alvo, incluindo suas atividades em mídias sociais, *sites* visitados, conteúdo consumido e padrões de pesquisa.

- **Identificação de perfis e segmentação:** com base nos dados coletados, identifique diferentes perfis de clientes e segmente-os em personas distintas, levando em consideração suas características demográficas, comportamentais, psicográficas e de consumo.

- **Desenvolvimento das personas:** desenvolva personas detalhadas, atribuindo a cada uma delas um nome fictício, idade, ocupação, interesses, objetivos, desafios e motivações específicas. Certifique-se de que as personas sejam realistas e representativas do público-alvo da empresa.

- **Validação e atualização contínua:** valide as personas com dados reais sempre que possível e atualize-as regularmente, à medida que o mercado e as necessidades dos clientes evoluem.

Ao seguir essas etapas e utilizar uma variedade de fontes de dados e *insights*, as empresas podem construir personas sólidas e precisas que ajudam a informar e orientar suas estratégias de *marketing* e conteúdo de maneira eficaz.

PERSONA ≠ PÚBLICO-ALVO

Algumas perguntas que ajudam a desenvolver a persona:

- Quem é o seu potencial cliente?
- Que tipo de assunto interessa a ele, levando em conta o que sua empresa/marca faz?
- Quais são as atividades mais comuns que ele realiza?
- Qual seu nível de instrução?
- Que tipo de informações ele busca? Onde?
- Quem influencia suas decisões?

BUYER PERSONA É UMA REPRESENTAÇÃO SEMIFICTÍCIA DO CLIENTE IDEAL PARA A EMPRESA, QUE É LEVANTADO A PARTIR DE DADOS DA PRÓPRIA EMPRESA E PESQUISAS DE MERCADO.

Não deixe de consultar e analisar:

- Idade.
- Hábitos.
- Frustrações.
- Desafios.
- Crenças.
- *Hobbies*.
- Estilo de vida.
- Hábitos de compra.
- Quais mídias preferem.
- Quem os influencia.
- Quais tecnologias usa.
- Onde busca informação.
- Critérios de decisão na hora da compra.
- Momento da jornada de compra em que se encontra ou se deseja colocar.

Então, resta a questão: o que são leads?

3.1 Leads, os interessados

Em *marketing* digital, um lead é um consumidor em potencial que demonstrou interesse em se aproximar da marca, geralmente fornecendo suas informações de contato, como nome, endereço de *e-mail*, número de telefone, entre outros. Essas informações são geralmente obtidas por meio de formulários em *sites*, *landing pages*, redes sociais, entre outros canais de comunicação.

O lead é alguém que expressou interesse em receber mais informações da marca, seja sobre conteúdo, produtos ou serviços, e consentiu em ser contatado para esse fim. Os leads são considerados valiosos para as empresas, pois representam oportunidades de converter interesse em vendas ou outras formas de engajamento.

Portanto, um lead é de fato um potencial consumidor que está no estágio inicial do funil de vendas e demonstrou disposição para se envolver mais com a marca.

> **LEAD – O ASSINANTE QUE PASSA A SER NUTRIDO PELO CONTEÚDO. O LEAD É UM CLIENTE POTENCIAL QUE ESTÁ AO ALCANCE DA EMPRESA, OU UM JÁ CLIENTE QUE REPRESENTA NOVAS OPORTUNIDADES.**

Um lead é uma pessoa que forneceu seus dados de contato à empresa, indicando interesse nos conteúdos, produtos ou serviços oferecidos por ela. Esse interesse pode ter sido manifestado por meio de diferentes ações, como preenchimento de formulários em *sites*, inscrição em *newsletters*, participação em *webinars*, entre outros.

Esses dados de contato permitem que a empresa estabeleça um relacionamento direto com o lead, fornecendo mais informações relevantes, oferecendo oportunidades de compra, personalizando a comunicação e acompanhando o processo de conversão do lead em cliente.

Os leads são considerados valiosos para as empresas, pois representam potenciais oportunidades de negócio e permitem uma comunicação mais direcionada e personalizada com o público-alvo.

> **O LEAD REPRESENTA UMA OPORTUNIDADE REAL DE NEGÓCIO, POIS FORNECEU SUAS INFORMAÇÕES DE CONTATO, COMO NOME E *E-MAIL*, EM TROCA DE UM CONTEÚDO DA EMPRESA QUE SEJA DE SEU INTERESSE.**

Nem todo lead se converterá em um consumidor ou comprador. Alguns leads podem estar apenas interessados nos conteúdos oferecidos pela empresa, enquanto outros podem estar apenas explorando curiosamente as opções disponíveis.

No entanto, como se apontou, as chances de conversão são maiores com os leads do que com os visitantes que não forneceram informações de contato. O fato de um indivíduo ter fornecido seu nome, *e-mail*, telefone ou outras informações de contato indica um certo nível de interesse ou engajamento com a marca, produto ou serviço oferecido pela empresa.

Portanto, embora nem todos os leads se tornem clientes, o fato de terem expressado algum tipo de interesse cria uma oportunidade valiosa para a empresa cultivar esse relacionamento, fornecer informações relevantes, nutrir o interesse ao longo do tempo e, idealmente, convertê-los em clientes no futuro.

E aí entram as técnicas que buscam qualificar o LEAD.

> A GESTÃO DE LEADS, QUANDO BEM-FEITA, TEM GRANDE PODER DE AMPLIFICAR SIGNIFICATIVAMENTE OS RESULTADOS DE NEGÓCIOS.

Existem diferentes tipos de leads, e cada um deles se relaciona com a jornada do consumidor. Aqui está um resumo desses tipos de leads:

1. **Visitante:** são os usuários que conhecem pouco a marca ou demonstram pouco interesse inicial. Atraí-los com conteúdo de qualidade é fundamental para gerar tráfego e aumentar a conscientização sobre a marca.

2. **Assinante:** visitantes que demonstram interesse suficiente para se tornarem assinantes, fornecendo suas informações de contato em troca de acesso a conteúdo futuro. É importante inserir CTAs nos materiais para incentivar essa conversão.

3. **Suspeito:** assinantes que forneceram suas informações de contato, mas ainda não demonstraram um forte interesse ou engajamento com a marca ou seus conteúdos.

4. **Lead qualificado (QL)**: leads que possuem características ideais para fazer uma compra. Eles podem ser identificados com base em critérios como necessidades específicas, orçamento disponível, autoridade para tomar decisões de compra, entre outros.

5. **MQL (*Marketing Qualified Lead*)**: leads que demonstraram engajamento com os conteúdos e materiais de *marketing*, alcançando uma pontuação de lead (*lead scoring*) que os qualifica como oportunidades de venda.

6. **SAL (*Sales Accepted Lead*)**: leads qualificados que foram aceitos pela equipe de vendas como tendo o perfil ideal de cliente e demonstrando intenção de compra.

Oferecer algo gratuito, como *e-book*, *webinar* ou acesso exclusivo, é uma estratégia eficaz para atrair leads e incentivá-los a fornecer suas informações de contato. Essa abordagem permite que as empresas gerem leads qualificados e cultivem relacionamentos com eles ao longo do tempo, aumentando as chances de conversão em vendas.

Você já viu ou acessou algum aplicativo de exercícios que oferece perda de peso, ganho de massa muscular etc.? Anúncios e propostas desse tipo abundam nas redes sociais e, na maioria das vezes, pedem alguns dados, como altura, peso, idade para oferecer algum plano personalizado. Bem, se você já clicou ou avançou em um desses anúncios deve ter visto que em certo momento é pedida alguma forma de contato, como WhatsApp ou *e-mail*. Bem, aí está uma estratégia de captação de leads, que se dá pela promessa de um plano personalizado ou de condições especiais.

Gerenciar leads de forma eficaz é essencial para maximizar os resultados das estratégias de *marketing* de conteúdo e aumentar as chances de conversão. Aqui estão algumas práticas-chave para alcançar esse objetivo:

- **Coleta de dados inteligentes:** é importante coletar informações relevantes sobre os leads, como suas preferências, comportamentos de navegação, histórico de interações com a marca, entre outros. Isso ajuda a entender melhor suas necessidades e interesses.

- **Lead scoring:** o *lead scoring* é uma técnica que atribui uma pontuação aos leads com base em seu perfil e comportamento, ajudando a identificar os leads mais qualificados e prontos para a conversão. Isso permite que a equipe de vendas priorize seus esforços nos leads mais promissores.

- **Nutrição de leads:** enviar conteúdo relevante e personalizado aos leads ao longo do tempo é essencial para mantê-los engajados e avançar na jornada do comprador. Isso pode ser feito por meio de *e-mails*, *newsletters*, *webinars*, entre outros canais de comunicação.

- **Manutenção do relacionamento:** uma vez que um lead se converte em cliente, é importante continuar nutrindo o relacionamento com ele para garantir sua satisfação contínua e promover a fidelidade à marca. Isso pode incluir oferecer suporte pós-venda, enviar atualizações sobre produtos ou serviços e solicitar *feedback* regularmente.

Ao qualificar os leads e oferecer conteúdo e soluções que sejam relevantes para eles, as empresas podem aumentar significativamente suas chances de sucesso e garantir um ROI (retorno sobre o investimento) positivo em suas estratégias de *marketing* de conteúdo.

> **O LEAD PASSA A FAZER PARTE DO FUNIL DE VENDAS DA EMPRESA E É TRABALHADO PELA EQUIPE DE *MARKETING* E VENDAS EM ESFORÇOS CONJUNTOS NO SENTIDO DO FECHAMENTO DO NEGÓCIO.**

Então, como é possível gerar, atrair mais leads, aumentando as chances de resultados para o negócio? Vamos lá:

1. ***Webinars* e *workshops online*:** organizar *webinars* e *workshops online* sobre temas relevantes para o seu público-alvo pode atrair leads interessados em aprender mais sobre o assunto. Esses eventos ao vivo também oferecem a oportunidade de interagir diretamente com os participantes e coletar informações de contato.

2. **Conteúdo interativo:** experimente criar conteúdo interativo, como *quizzes*, enquetes, calculadoras ou avaliações. Esse tipo de conteúdo envolve os usuários e pode motivá-los a fornecer suas informações de contato em troca de resultados personalizados.

3. **SEO (*Search Engine Optimization*):** investir em otimização de mecanismos de busca pode ajudar a aumentar a visibilidade do seu conteúdo *online* e atrair tráfego qualificado para o seu *site*. Certifique-se de usar palavras-chave

relevantes em seu conteúdo e otimizar elementos como meta, descrições, títulos de página e URLs.

4. **Programas de indicação:** incentive seus clientes existentes a indicarem seus amigos, familiares ou colegas de trabalho em troca de incentivos ou descontos. Os programas de indicação podem ser uma maneira poderosa de obter leads de alta qualidade por meio de recomendações pessoais.

5. **Parcerias estratégicas:** estabeleça parcerias com outras empresas ou influenciadores que atendam ao mesmo público-alvo que você. Isso pode incluir colaborações em conteúdo, copromoções ou eventos conjuntos, ajudando a expandir sua base de leads.

6. **Conteúdo atemporal (ou *evergreen*):** conteúdo atemporal e sempre relevante para o seu público-alvo. Esse tipo de conteúdo continua a atrair tráfego e leads ao longo do tempo, mesmo após sua publicação inicial.

Ao implementar uma combinação dessas estratégias, você pode aumentar significativamente sua capacidade de gerar leads qualificados e impulsionar o crescimento do seu negócio.

> NÃO HÁ GARANTIA DE QUE UM LEAD SE TRANSFORMARÁ EM UM CLIENTE, MAS UMA BOA GESTÃO AUMENTA BASTANTE ESSA POSSIBILIDADE.

Como bônus, fica a dica: acompanhe em detalhes as métricas de cada rede e recurso, de cada ação e cada conteúdo desenvolvido, pois os consumidores estarão mostrando, por meio de métricas, o que está sendo mais bem recebido, ou seja, o que está gerando mais e melhores resultados e o que precisa ser ajustado. Algumas métricas importantes a serem monitoradas incluem:

- **Taxa de conversão:** acompanhe quantos visitantes do seu *site* ou *landing page* se tornam leads, seja preenchendo um formulário, assinando uma *newsletter* ou realizando outra ação desejada.

- **Taxa de cliques (CTR):** meça a eficácia dos seus CTAs e anúncios, acompanhando quantos usuários clicam nos *links* ou botões para acessar seu conteúdo ou oferta.

- **Taxa de abertura e cliques em *e-mails*:** se você estiver usando *e-mail marketing* como parte da sua estratégia de geração de leads, monitore a taxa de abertura e cliques dos seus *e-mails* para avaliar o engajamento da sua lista de contatos.

- **Taxa de rejeição:** analise a taxa de rejeição do seu *site* para entender se os visitantes estão saindo imediatamente após acessar uma página. Uma alta taxa de rejeição pode indicar que o conteúdo não está atendendo às expectativas dos usuários.

- **Engajamento nas redes sociais:** acompanhe o número de curtidas, comentários, compartilhamentos e outras interações nas suas postagens de redes sociais para avaliar o engajamento do seu público com o seu conteúdo.

- **Tempo de permanência:** verifique quanto tempo os visitantes passam em cada página do seu site para entender o interesse e envolvimento deles com o conteúdo.

- **Origem do tráfego:** identifique de onde vêm seus leads, seja por meio de pesquisa orgânica, mídia paga, redes sociais, referências de outros *sites* etc. Isso pode ajudar a direcionar melhor seus esforços de *marketing*.

Ao analisar regularmente essas métricas e ajustar suas estratégias com base nos *insights* obtidos, você estará constantemente otimizando seu processo de geração de leads e maximizando seu potencial de sucesso.

3.2 *Lead scoring*: a pontuação indica a abordagem

Lead scoring é uma técnica de acompanhamento para observar e verificar o comportamento de um lead.

Por exemplo, a empresa determinou que um lead interessante ou qualificado é considerado a partir de 10 pontos. Para isso entendeu que:

- Abrir um *e-mail* = 1 ponto.
- Clicar em um *link* deste *e-mail* = 2 pontos.
- Acessar a página = 4 pontos.
- Preencher o formulário = 5 pontos.
- Receber e acessar nova mensagem = 3 pontos.

Ou seja, a cada ação efetiva dentro do projeto da empresa, o lead recebe pontos que o qualificam. E ele, lead, recebe benefícios conforme esta pontuação.

Assim, podem ser direcionadas ações e estratégias específicas conforme o nível de envolvimento, maximizando os investimentos e o retorno obtido.

O lead é ponto central e o pilar do *inbound* e do *outbound*. Vamos ver, então, como cada um se caracteriza e se diferencia.

CAPÍTULO 4

A ATENÇÃO: GATILHOS MENTAIS

Encante sua audiência com um conteúdo que proporcione experiências.

Robert Rose

Fonte: Autor – DALL.E, 2024.

Os gatilhos mentais são técnicas poderosas utilizadas no *marketing* para influenciar o comportamento dos consumidores e persuadi-los a realizar uma ação desejada, como comprar um produto ou serviço.

DECISÕES DE COMPRA RESULTAM DE:
GANÂNCIA, ORGULHO, MEDO, INVEJA, ALTRUÍSMO E VERGONHA

Esses gatilhos exploram aspectos emocionais, sociais e psicológicos presentes na mente humana, que podem ser acionados para aumentar a probabilidade de uma conversão.

QUAIS SÃO OS GATILHOS MENTAIS?
ESCASSEZ, URGÊNCIA, ANTECIPAÇÃO, HISTÓRIAS, PROVA SOCIAL, NOVIDADE E RECIPROCIDADE

A seguir, vamos analisar os detalhes e aplicação de cada um.

4.1 Escassez

O gatilho da escassez capitaliza o medo da perda e a tendência humana de valorizar o que é difícil de obter. Quando os consumidores percebem que um produto ou serviço está disponível em quantidades ou por tempo limitados, eles tendem a atribuir um valor maior a essa oferta e se sentem compelidos a agir rapidamente para garantir a sua aquisição antes que seja tarde demais.

Esse gatilho pode ser utilizado de diversas formas, como:

- Quantidade limitada: destacar que restam apenas algumas unidades do produto em estoque, incentivando os consumidores a agirem rapidamente para não perderem a oportunidade.

- Oferta por tempo limitado: anunciar que uma promoção especial estará disponível apenas por um período específico, criando um senso de urgência para a compra.

- Exclusividade: apresentar o produto ou serviço como uma oferta exclusiva disponível apenas para um grupo seleto de clientes, aumentando o seu valor percebido.

- Edições limitadas: lançar edições limitadas de produtos com características únicas ou colecionáveis, estimulando a demanda e a sensação de exclusividade.

 Você já deve ter visto postagens, mensagens e conteúdos com "vagas limitadas", "últimas unidades" ou algo parecido. São exemplos de escassez aplicada ao conteúdo. E, sim, gera resultados.

Ao incorporar o gatilho da escassez em estratégias de conteúdo, é importante comunicar de forma clara e honesta sobre a natureza limitada da oferta, evitando práticas enganosas que possam prejudicar a confiança do consumidor na marca. Quando utilizado de maneira ética, esse gatilho pode ser uma ferramenta poderosa para impulsionar as vendas e aumentar o engajamento dos consumidores.

Como aplicar

Para criar o gatilho de decisão rápida e automática, você pode oferecer:

- Um curso com vagas limitadas;
- Produtos com poucas unidades disponíveis em estoque;
- Um bônus para as "x" primeiras pessoas que entrarem em contato;
- Um conteúdo exclusivo, restrito a poucas pessoas.

Contudo, é preciso ter cuidado, pois a escassez deve ser real.

4.2 Urgência

O gatilho da escassez é poderoso porque ativa o instinto humano de preservação e a aversão à perda. Ao criar uma sensação de urgência e limitação em torno de uma oferta, as marcas conseguem despertar o desejo de ação nos consumidores, levando-os a tomar uma decisão de compra mais rápida e impulsiva.

O temor de perder uma oportunidade única muitas vezes supera o receio de arrependimento por uma compra feita por impulso. Por isso, ao utilizar o gatilho da escassez, as marcas conseguem estimular a tomada de decisão dos consumidores e aumentar as chances de conversão em vendas.

No entanto, é importante que as marcas ajam com transparência e ética ao empregar esse gatilho, evitando criar falsa escassez ou prazos fictícios que possam prejudicar a confiança dos consumidores. Quando utilizado de maneira honesta e alinhada com as expectativas dos clientes, o gatilho da urgência pode ser uma ferramenta eficaz para impulsionar as vendas e criar uma sensação de valor em torno dos produtos ou serviços oferecidos.

 Lembra daquele *e-mail* com uma oferta imperdível que acaba "em poucas horas" ou vale "só até amanhã"? É a urgência aplicada.

Como aplicar

A transparência é fundamental ao utilizar o gatilho da urgência. Os consumidores precisam entender claramente por que a oferta tem um prazo limitado e quais benefícios eles obterão ao agir rapidamente.

Explicar os motivos por trás do prazo limitado ajuda a legitimar a urgência da oferta, tornando-a mais convincente e aumentando a confiança dos consumidores na marca. Além disso, ao usar palavras e expressões que exigem uma ação imediata, como "agora", "última chance" e "só até hoje", as marcas conseguem criar uma sensação de importância e relevância em torno da oferta, incentivando os consumidores a agirem sem hesitação.

No entanto, é importante evitar o uso excessivo desse recurso e garantir que as ofertas genuinamente mereçam a urgência que estão comunicando. Quando aplicado de forma ética e transparente, o gatilho da urgência pode ser uma estratégia eficaz para impulsionar as vendas e criar uma experiência positiva para os consumidores.

4.3 Antecipação

Antecipar o lançamento de um novo produto ou serviço é uma estratégia poderosa para gerar expectativa e interesse entre os clientes. Isso permite que a marca construa um cenário positivo em torno do produto antes mesmo de seu lançamento oficial, preparando o terreno para uma recepção calorosa.

Ao comunicar aos clientes sobre o próximo lançamento, a marca pode destacar os benefícios e recursos exclusivos do produto, despertando curiosidade e gerando antecipação. Isso pode ser feito por meio de *teasers*, prévias, *sneak peeks*, ou até mesmo pré-vendas exclusivas para clientes fiéis ou membros de programas de fidelidade.

Além disso, ao envolver os clientes no processo de desenvolvimento do produto, seja por meio de pesquisas de mercado, testes beta ou *feedbacks*, a marca pode demonstrar que valoriza a opinião de seus clientes e está comprometida em atender às suas necessidades e desejos.

Dessa forma, ao lidar com as expectativas dos clientes em relação ao futuro, a marca pode criar uma narrativa envolvente e emocionante em torno do novo produto ou serviço, aumentando as chances de sucesso no lançamento e fortalecendo o relacionamento com os clientes.

Voltando ao aplicativo de dieta e exercícios: sempre tem imagens de pessoas com o corpo perfeito, seja em desenhos ou fotografias. E, às vezes, até mesmo depoimentos. Isso é a antecipação aplicada.

Nesse caso, deve-se mostrar os benefícios, as funcionalidades e o valor que ele terá para as pessoas – solucionando suas dores e satisfazendo seus desejos.

Como aplicar

Aqui estão algumas maneiras de aplicar essas ideias na prática:

1. *Webinars*: realize *webinars* informativos e interativos para apresentar o novo produto ou serviço. Use esse espaço para destacar seus benefícios, funcionalidades e como ele pode resolver os problemas ou atender às necessidades do público-alvo.

2. Artigo de história: escreva um artigo envolvente que conte a história por trás do desenvolvimento do produto ou serviço. Compartilhe *insights* sobre o processo de criação, os desafios enfrentados e como a solução final foi alcançada.

3. Vídeo de lançamento: produza um vídeo emocionante e envolvente para anunciar o lançamento. Utilize elementos visuais atraentes, depoimentos de clientes satisfeitos e demonstrações do produto ou serviço em ação.

4. Parcerias com influenciadores: estabeleça parcerias com influenciadores relevantes em seu nicho de mercado. Eles podem ajudar a aumentar a visibilidade do seu produto ou serviço, alcançando um público mais amplo e gerando interesse genuíno.

5. *Seeding* e controle de *timing*: solte informações sobre o lançamento aos poucos, criando um senso de mistério e antecipação entre o público. Use as plataformas de mídia social, *e-mail marketing* e outros canais para semear essas informações de forma estratégica. Monitore de perto o *timing* das divulgações para garantir que elas aconteçam nos momentos certos, gerando o máximo impacto.

Ao seguir essas práticas, você estará construindo uma estratégia de lançamento sólida e eficaz, capaz de gerar entusiasmo e interesse em torno do seu novo produto ou serviço.

4.4 Histórias

O *storytelling* é uma poderosa ferramenta de *marketing* que aproveita o poder das narrativas para envolver, emocionar e conectar-se com o público-alvo de uma maneira mais profunda e significativa. Aqui estão algumas razões pelas quais o *storytelling* é tão eficaz:

- Conexão emocional: as histórias têm o poder de evocar emoções genuínas nas pessoas. Ao contar uma história envolvente e autêntica sobre a origem de um negócio, os desafios enfrentados ou os valores fundamentais da empresa, é possível criar uma conexão emocional com o público, gerando empatia e engajamento.

- Memorabilidade: as histórias são mais facilmente lembradas do que fatos ou informações isoladas. Ao apresentar informações importantes por meio de uma narrativa cativante, é mais provável que o público se lembre delas e as associe à marca ou ao produto.

- Diferenciação da marca: o *storytelling* permite que uma empresa se destaque da concorrência por sua personalidade única, valores e missão. Ao comunicar de forma autêntica e original, uma marca pode criar uma identidade distinta que ressoa com seu público-alvo.

- Engajamento do público: as pessoas são naturalmente atraídas por boas histórias. Ao incorporar elementos de suspense, humor, drama ou inspiração em suas narrativas, as empresas podem capturar a atenção do público e mantê-lo envolvido por mais tempo.

- Transmissão de mensagens complexas: o *storytelling* oferece uma maneira eficaz de transmitir mensagens complexas ou abstratas de uma forma mais acessível e compreensível. Ao contextualizar informações importantes dentro de uma narrativa envolvente, é possível torná-las mais facilmente compreendidas e absorvidas pelo público.

Ou seja, o *storytelling* é uma ferramenta poderosa que pode ajudar as empresas a se conectarem de forma mais autêntica e significativa com seu público-alvo, gerando maior engajamento, lealdade e interesse em seus produtos ou serviços.

NÃO BASTA CONTAR BOAS HISTÓRIAS, É PRECISO VIVÊ-LAS.

Como aplicar

Elabore histórias que cativem o público, oferecendo espaço para que cada indivíduo construa sua interpretação dos eventos, assumindo o papel principal e embarcando em sua própria jornada do herói.

Além disso, explore o universo do *storytelling* para aprimorar suas habilidades narrativas.

4.5   Prova social

A prova social é um gatilho poderoso, pois, como seres sociais, naturalmente buscamos pertencer a grupos que compartilham nossas identidades e expectativas. Quando vemos outras pessoas dando atenção a algo, somos instigados a nos perguntarmos por que isso está acontecendo e a nos juntarmos a esse movimento. Ninguém quer se sentir excluído, então o desejo de pertencimento nos impulsiona a seguir o exemplo dos outros.

Por isso que o gatilho da prova social também é muito poderoso, já que muitas pessoas tendem a se perguntar "por que todo mundo está dando atenção a isso?" e procuram meios de se encaixar nesses grupos. O público não quer se sentir excluído, gerando a necessidade de pertencimento.

 "Antes e Depois". Já viu montagens assim, com as pessoas antes e depois de usar um produto para limpeza de pele, uma academia ou outro produto qualquer? Aí está a prova social se fazendo presente.

Como aplicar

Trabalhar com números, depoimentos, imagens e engajamento nas redes sociais são apenas alguns dos elementos que podem ser usados para acionar o gatilho da prova social. Por exemplo, você pode destacar:

1. A quantidade de pessoas que já usam seu produto ou serviço.
2. Depoimentos de clientes satisfeitos com o seu trabalho.
3. O número de compartilhamentos que seu artigo teve nas redes sociais.

Essas evidências ajudam a influenciar e aumentar sua autoridade no mercado, especialmente quando pessoas influentes endossam positivamente seu produto ou serviço.

É importante também não negligenciar as críticas e sugestões que o público oferece, pois isso pode fornecer *insights* valiosos para melhorias e ajustes.

4.6 Novidade

As pessoas têm uma tendência natural de se sentirem atraídas por novidades.

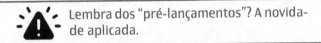
Lembra dos "pré-lançamentos"? A novidade aplicada.

O gatilho da novidade capitaliza o prazer de utilizar ou adquirir algo considerado novo ou inovador, levando as pessoas a sentirem-se mais modernas e atualizadas. Isso ocorre devido ao desejo humano pelo que é fresco e inédito, presumindo-se que seja uma escolha superior às alternativas anteriores.

Como aplicar

Quando você realiza atualizações periódicas em seu produto ou serviço, está mostrando ao seu público que está sempre buscando melhorias e inovações para atender às suas necessidades em constante evolução. Isso cria uma expectativa de que cada nova versão trará benefícios adicionais ou recursos aprimorados, incentivando os clientes existentes a considerarem uma atualização e atraindo novos interessados pela novidade.

Além disso, ao espaçar essas atualizações ao longo do tempo, você cria um senso de exclusividade e urgência. Os clientes percebem que a oportunidade de obter a versão mais recente pode ser limitada, especialmente se houver uma demanda alta ou se a oferta for temporária. Isso pode levar a uma ação mais rápida por parte do público, impulsionando as vendas e gerando um aumento na receita. Portanto, a combinação de novidades regulares com uma sensação de escassez pode ser uma estratégia poderosa para estimular o interesse e impulsionar as vendas de seus produtos ou serviços.

4.7 Reciprocidade

O gatilho mental da reciprocidade é fundamental, pois se baseia no princípio da retribuição. Quando alguém nos oferece algo de valor, sentimos naturalmente o desejo de retribuir esse gesto de alguma forma.

No contexto do *marketing*, isso significa que, ao oferecer conteúdo útil, informativo ou inspirador ao seu público-alvo, você está gerando valor para eles. Como resultado, eles se sentirão mais inclinados a retribuir de alguma maneira, seja consumindo mais conteúdo, compartilhando suas mensagens ou até mesmo realizando uma compra.

É importante ressaltar que essa reciprocidade deve ser genuína e desinteressada. Ou seja, você deve estar realmente interessado em ajudar e agregar valor à vida do seu público antes de esperar qualquer retorno. Quando essa abordagem é autêntica, as pessoas percebem e são mais propensas a se envolverem com sua marca de forma positiva.

 Você já ganhou um *e-book* ou uma versão de um aplicativo com o recurso básico, em troca de seu *e-mail*, WhatsApp, ou outros dados? Aí está a reciprocidade.

Como aplicar

O gatilho da reciprocidade é extremamente poderoso em qualquer tipo de negócio, especialmente naqueles que adotam o *marketing* de conteúdo como estratégia principal. Ao oferecer conteúdo gratuito e valioso para o seu público, você está construindo uma relação de confiança e reciprocidade.

Quando as pessoas recebem algo de valor sem custo algum, elas se sentem naturalmente inclinadas a retribuir de alguma forma. Isso pode acontecer por meio do fornecimento de informações de contato, como o *e-mail*, ou até mesmo pela compra de produtos ou serviços oferecidos pela sua empresa.

Essa abordagem é eficaz porque cria um vínculo emocional com o público, fazendo com que eles se sintam mais conectados à sua marca e mais propensos a se engajarem com ela no futuro. Além disso, ao oferecer algo de valor sem pedir nada em troca imediatamente, você demonstra interesse genuíno em ajudar e agregar valor à vida do seu público, o que fortalece ainda mais a relação de confiança entre vocês.

> Por onde passa essa construção?
> - Conhecimento do público.
> - Narrativa/*storytelling*/*copy*.
> - Preparação.
> - Argumentação
> - Empatia.

CAPÍTULO 5

ATRAIR E CONQUISTAR: **INBOUND MARKETING**

A única forma de vencer no marketing de conteúdo é fazer o seu leitor dizer: "Isso foi escrito especialmente para mim".

Jamie Turner

Fonte: Autor – DALL.E, 2024.

O *inbound marketing* é uma abordagem estratégica que visa atrair, envolver e converter clientes potenciais por meio da criação e da distribuição de conteúdo relevante e valioso. Em vez de interromper os consumidores com mensagens de *marketing* intrusivas, o *inbound marketing* se concentra em fornecer informações úteis e interessantes que resolvam problemas, atendam às necessidades e desperte o interesse do segmento-alvo.

Essa metodologia se baseia no entendimento profundo do público-alvo e na criação de conteúdo direcionado para ele em cada etapa da jornada do cliente. Ao oferecer conteúdo valioso e educativo, as empresas conseguem atrair a atenção do público-alvo de forma orgânica, construindo assim relacionamentos mais fortes e duradouros.

O objetivo final do *inbound marketing* é gerar mais oportunidades de negócio, aumentar as vendas e fidelizar os clientes, tudo isso de maneira mais natural e não intrusiva. Ao focar na criação de valor para o cliente, as empresas conseguem se destacar em um mercado cada vez mais competitivo e conquistar a confiança e a lealdade do seu público-alvo.

INBOUND MARKETING = MARKETING DE ATRAÇÃO

O *inbound marketing* segue um processo estruturado com o objetivo de atrair, engajar e converter clientes potenciais em clientes reais. Esse processo pode ser resumido em algumas etapas principais:

- **Atrair o consumidor:** nesta fase, o foco está em criar e distribuir conteúdo relevante e valioso que atraia a atenção do público-alvo. Isso pode ser feito por meio de *blogs*, redes sociais, vídeos, *podcasts*, entre outros formatos de conteúdo.

- **Converter em lead:** uma vez que o consumidor demonstra interesse no conteúdo oferecido, é importante capturar suas informações de contato para transformá-lo em um lead. Isso pode ser feito por meio de formulários de inscrição, *landing pages* ou outras formas de interação.

- **Estabelecer e nutrir um relacionamento:** após capturar os dados do lead, é fundamental estabelecer um relacionamento contínuo por meio do envio de conteúdo personalizado e relevante. Isso ajuda a manter o lead engajado e a construir confiança ao longo do tempo.

- **Gerar vendas:** o objetivo final do *inbound marketing* é gerar vendas, mas isso só acontece depois que o relacionamento foi construído e o lead está pronto para fazer uma compra. Isso pode envolver o envio de ofertas especiais, demonstrações de produtos ou qualquer outra estratégia que incentive a conversão.

- **Analisar os dados e criar novas ações:** por fim, é importante analisar os dados obtidos ao longo do processo para entender o desempenho das estratégias e identificar oportunidades de melhoria. Com base nessas análises, novas ações podem ser criadas e implementadas para otimizar os resultados.

Essas etapas formam um ciclo contínuo no qual o foco está em atrair, converter, engajar e analisar, permitindo que as empresas cresçam e se desenvolvam de forma sustentável.

ENTÃO, QUAL É A CHAVE?

Conhecer profundamente o segmento-alvo é fundamental para o sucesso do *inbound marketing*. Isso envolve entender não apenas as características demográficas do público, mas também seus interesses, necessidades, desafios e comportamentos de compra. Quando a empresa tem uma compreensão clara do que o consumidor deseja e procura, ela pode criar conteúdo personalizado e relevante que ressoe com o público-alvo.

Além disso, entender o que estimula e motiva o consumidor permite que a empresa desenvolva estratégias de engajamento mais eficazes, seja por meio de gatilhos mentais, *storytelling* ou outras técnicas de persuasão. Ao oferecer conteúdo que atenda às necessidades e aos interesses do público-alvo, a empresa constrói relacionamentos mais fortes e duradouros com seus clientes potenciais, aumentando assim as chances de conversão e fidelização.

> *INBOUND MARKETING* É O CONJUNTO DE ESTRATÉGIAS DE *MARKETING* QUE VISAM ATRAIR E CONVERTER CLIENTES USANDO CONTEÚDO RELEVANTE.

Se o foco do *marketing* sempre foi atender às necessidades das pessoas, seus desejos, expectativas, anseios, opiniões e processo de consumo, no *inbound* isso ganha outra relevância.

No *inbound marketing*, o foco nas pessoas e em suas necessidades é ainda mais pronunciado. Isso ocorre porque o *inbound* se baseia em atrair clientes por meio da criação e distribuição de conteúdo relevante e útil, que responde às perguntas e às necessidades do público-alvo. Em vez de interromper os consumidores com publicidade intrusiva, o *inbound* procura fornecer valor ao cliente em cada etapa de sua jornada de compra.

Ao entender profundamente as personas e seus desejos, necessidades e preferências, as empresas podem criar estratégias de conteúdo direcionadas e personalizadas que ressoam com o público-alvo. Isso não apenas aumenta a probabilidade de atrair clientes em potencial, mas também fortalece o relacionamento com os clientes existentes, gerando confiança e lealdade à marca.

Colocar o cliente no centro de todas as atividades de *marketing* no *inbound* é natural, essencial para o sucesso, pois permite que as empresas ofereçam uma experiência personalizada e satisfatória que atenda às expectativas do consumidor moderno.

> **NO *INBOUND* SÃO REALIZADAS AÇÕES COM O INTUITO DE ATRAIR O POTENCIAL CLIENTE E CONSTRUIR UM RELACIONAMENTO POR MEIO DO CONTEÚDO.**

No *inbound marketing*, o objetivo principal é atrair a atenção das pessoas, conhecidas como público-alvo ou personas, e envolvê-las por meio da oferta de conteúdo relevante e valioso.

Isso é feito com a intenção de estabelecer um relacionamento positivo com essas pessoas, conquistando sua confiança e construindo uma conexão duradoura.

> **AS ESTRATÉGIAS E AS TÁTICAS DO *MARKETING* DE CONTEÚDO SÃO O MOTOR DO *INBOUND*, POIS AJUDAM A CAPTURAR A ATENÇÃO DOS LEADS, GERANDO ENVOLVIMENTO E ENGAJAMENTO QUE OS TRAZEM PARA O FUNIL DE VENDAS.**

Ao criar e distribuir conteúdo que atende às necessidades, aos interesses e às preocupações do público-alvo, as empresas podem se posicionar como autoridades em seu setor e ganhar a preferência dos consumidores. Isso pode incluir artigos informativos, vídeos tutoriais, infográficos, *podcasts*, *e-books*, *webinars* e muito mais, dependendo das preferências do público e das características do mercado-alvo.

Em vez de simplesmente tentar vender um produto ou serviço de forma direta, o *inbound marketing* concentra-se em educar, informar e entreter o público-alvo, oferecendo valor antes mesmo de pedir algo em troca. Isso cria um ambiente mais receptivo e propício para a conversão de leads em clientes e para o desenvolvimento de relacionamentos de longo prazo com a marca.

AS PESSOAS (CONSUMIDORES) QUEREM CONTEÚDO RELEVANTE, E É ESSE CONTEÚDO QUE GERA ENGAJAMENTO.

Para isso, a empresa gera conteúdo relevante para seu público e explora canais como mecanismos de busca, *blogs* e redes sociais para ser encontrada.

A partir daí, do momento em que o consumidor – o alvo – chegou até a empresa, até o *site*, o *blog*, a página no Facebook, o perfil no X ou no Instagram etc., utiliza-se de uma série de recursos e estratégias para convertê-lo em lead, mantendo-o próximo e nutrindo-o com mais e mais conteúdos que sejam de seu interesse. Com isso, estabelece-se um relacionamento que gere uma ou mais vendas.

O *inbound marketing* atende a cinco focos:

1. Aumentar a visibilidade de seu negócio.
2. Atrair clientes em potencial.
3. Diminuir o custo de aquisição de seus clientes.
4. Gerar conteúdos que fazem diferença.
5. Otimizar o processo de vendas.

Como fazer? Os passos iniciais indicam:

- **Definir as metas:** antes de começar qualquer campanha de *inbound marketing*, é crucial definir metas claras e mensuráveis. Elas podem incluir aumentar o tráfego do *site*, gerar mais leads qualificados, aumentar as vendas ou melhorar a retenção de clientes. Estabelecer metas claras ajuda a orientar todas as atividades de *marketing* e avaliar o sucesso da estratégia.

- **Analisar a eficácia do seu conteúdo:** a análise regular da eficácia do conteúdo é fundamental para identificar o que está funcionando e o que pode ser melhorado. Isso envolve monitorar métricas-chave, como taxas de conversão, taxa de rejeição, tempo na página e engajamento nas redes sociais. Com base nestas análises, você pode fazer ajustes e otimizações para maximizar o desempenho do seu conteúdo.

- **Estabelecer formas de aumentar o fluxo de acessos:** para atrair mais visitantes para o seu *site* ou *blog*, é importante utilizar uma variedade de estratégias, como otimização para mecanismos de busca (SEO), *marketing* de conteúdo, *marketing* de mídia social, publicidade paga e parcerias com influenciadores. Cada um desses canais pode ajudar a atrair um público diferente e aumentar o fluxo de acessos de forma orgânica ou paga.

- **Conversão para leads:** uma vez que você tenha a atenção do visitante, o próximo passo é convertê-lo em lead. Isso geralmente é feito por meio de formulários de inscrição, botões de chamada para ação (CTAs) e ofertas de conteúdo exclusivas, como *e-books*, *webinars* ou cupons de desconto. O objetivo é obter informações de contato do visitante em troca de algo de valor.

> **OS LEADS DEVEM SER CONSTANTEMENTE MONITORADOS POR MEIO DAS MÉTRICAS E OUTROS RECURSOS, DE FORMA A DETECTAR EVENTUAIS VARIAÇÕES E MANTÊ-LOS ENVOLVIDOS NO FUNIL DE VENDAS.**

- **Chegou a hora de vender:** depois de capturar leads, é hora de nutri-los com conteúdo relevante e personalizado para guiá-los pelo funil de vendas. Isso pode incluir *e-mails* automatizados, conteúdo educacional, demonstrações de produtos e avaliações gratuitas. O objetivo é construir confiança e relacionamento com os leads, levando-os, eventualmente, a realizar uma compra.

- **Monitore tudo:** por fim, é fundamental monitorar e analisar continuamente o desempenho de suas campanhas de *inbound marketing*. Isso inclui acompanhar métricas-chave, realizar testes A/B, ouvir o *feedback* dos clientes e ajustar sua estratégia com base nos resultados. O monitoramento constante ajuda a identificar oportunidades de melhoria e garantir o sucesso contínuo de suas iniciativas de *marketing*.

> O CORAÇÃO DO *INBOUND MARKETING* É O RELACIONAMENTO ENTRE MARCA E CLIENTE.

5.1 Ferramentas do *Inbound*

A segmentação e a personalização são fundamentais no *inbound marketing* para atrair, envolver e converter os leads. Aqui estão alguns formatos de conteúdo que podem ser utilizados para atrair visitantes e clientes em potencial:

1. *Blogs*: publicar regularmente conteúdo relevante e informativo em um *blog* pode atrair visitantes interessados em temas relacionados ao seu nicho de mercado. Os *blogs* são uma ótima maneira de demonstrar *expertise*, fornecer valor aos leitores e melhorar o SEO do seu *site*.

2. *E-books* e *whitepapers*: oferecer *e-books* ou *whitepapers* detalhados sobre tópicos específicos do seu setor pode atrair leads em busca de informações mais aprofundadas. Esses recursos geralmente são oferecidos em troca das informações de contato do lead, como nome e *e-mail*.

3. *Webinars* e *vídeos*: realizar *webinars* ao vivo ou criar vídeos educacionais pode ser uma maneira eficaz de atrair leads interessados em aprender sobre um determinado assunto. Os *webinars* permitem interação em tempo real com os participantes, enquanto os vídeos podem ser

assistidos a qualquer momento, proporcionando flexibilidade aos espectadores.

4. **Infográficos:** os infográficos são uma forma visualmente atraente de apresentar informações complexas de maneira fácil de entender. Eles podem ser compartilhados nas redes sociais e em *blogs* para atrair a atenção do público e direcionar o tráfego para o seu *site*.

5. *Podcasts*: criar um *podcast* sobre temas relevantes para o seu público-alvo pode atrair ouvintes interessados em consumir conteúdo enquanto estão em movimento. Os *podcasts* oferecem uma maneira conveniente de aprender e se informar, e podem ser uma ferramenta poderosa para atrair novos leads.

6. **Redes sociais:** compartilhar conteúdo relevante nas redes sociais é uma maneira eficaz de atrair a atenção do seu público-alvo e direcioná-lo para o seu *site*. Postagens de *blog*, vídeos, infográficos e outros tipos de conteúdo podem ser compartilhados nas plataformas sociais para aumentar a visibilidade da sua marca e gerar engajamento com os seguidores.

7. *Landing pages*: *landing pages* ou páginas de conversão são utilizadas para promover conteúdos específicos e mais elaborados, como *e-books*, *webinars* e até mesmo cursos *online*. Por meio da *landing page* você converte um visitante em um lead interessado no conteúdo que você publica, e que pode ser convertido em cliente.

8. *E-mail*: é por meio do *e-mail marketing* que você nutre seus leads com conteúdos mais especializados e direcionados, conduzindo-os pelo funil de *inbound marketing* até que se tornem clientes. Lembre-se: mais de 90% dos usuários acessam sua caixa de entrada ao menos uma

vez por dia. Isso faz do *e-mail marketing* uma ferramenta de *inbound* excepcional para travar um relacionamento mais próximo e afinado com as necessidades de cada lead ou cliente.

9. **CRM:** um CRM concentra todas as informações relevantes do seu público em um único lugar. Além disso, identifica em qual nível do funil de vendas ele se encontra, e pode potencializar estratégias com *e-mail marketing*, *follow up*.

Esses são apenas alguns exemplos de formatos de conteúdo que podem ser utilizados na primeira etapa do *inbound marketing* para atrair visitantes e leads qualificados. O importante é criar conteúdo valioso e relevante que responda às necessidades e aos interesses do seu público-alvo, ajudando a estabelecer sua marca como uma autoridade em seu setor.

É preciso compreender em que estágio está o lead para atraí-lo com o estímulo correto.

> **É PRECISO CONHECIMENTO DO PÚBLICO, DAS PERSONAS...**
>
> **E SABER ANALISAR COM FRIEZA OS CONTEÚDOS.**

5.2 Conteúdo no *Inbound*

No *inbound marketing*, o propósito do conteúdo é essencialmente agregar valor ao público-alvo. Aqui está uma explicação mais detalhada sobre os elementos que o conteúdo deve ter:

1. **Ser útil:** o conteúdo deve fornecer informações, *insights* ou soluções que sejam úteis para o público-alvo. Ele deve resolver problemas, responder a perguntas ou oferecer orientação sobre temas relevantes para a audiência.

2. **Ter qualidade:** a qualidade do conteúdo é fundamental para atrair e reter a atenção do público. Isso significa que o conteúdo deve ser bem pesquisado, preciso, atualizado e bem apresentado. Erros gramaticais, informações imprecisas ou conteúdo desatualizado podem prejudicar a credibilidade da marca.

3. **Ser relevante:** o conteúdo deve ser relevante para os interesses, as necessidades e os desafios do público-alvo. Isso requer uma compreensão profunda das personas e dos estágios da jornada do comprador para garantir que o conteúdo atenda às expectativas e demandas dos usuários.

4. **Resolver as necessidades do público-alvo:** o objetivo final do conteúdo é resolver as necessidades e os problemas do público-alvo. Isso pode ser feito fornecendo informações educacionais, oferecendo soluções práticas, inspirando ações ou simplesmente entretenimento. O conteúdo deve ser projetado para agregar valor à vida ou ao trabalho do público, de uma forma ou de outra.

Quando o conteúdo atende a esses critérios, ele se torna uma ferramenta poderosa para atrair, engajar e converter leads no contexto do *inbound marketing*.

O CONTEÚDO É O COMBUSTÍVEL DO *INBOUND MARKETING*!

O planejamento de conteúdo eficaz para o *inbound marketing* requer atenção e cuidado, e pode obter maiores resultados com atenção a alguns pontos.

- **Estabeleça e tenha clareza dos objetivos:** antes de criar qualquer conteúdo, é crucial entender o que você espera alcançar com ele. Seja aumentar o reconhecimento da marca, gerar leads, educar o público-alvo ou impulsionar as vendas, ter objetivos claros ajudará a direcionar sua estratégia de conteúdo.
- **Defina as métricas específicas e apropriadas:** escolha métricas que estejam alinhadas com seus objetivos. Isso pode incluir taxas de conversão, taxa de abertura de *e-mails*, engajamento nas redes sociais, tempo gasto no *site*, entre outras.
- **Crie um calendário:** um calendário editorial ajuda a manter seu plano de conteúdo organizado e consistente. Ele deve incluir datas de publicação, temas, formatos de conteúdo e responsáveis pela criação e distribuição.
- **Teste diferentes tipos de conteúdo:** experimente diferentes tipos de conteúdo, como *blogs*, vídeos, infográficos, *e-books*, *podcasts*, entre outros. Isso ajudará

a descobrir quais formatos ressoam melhor com seu público e geram os melhores resultados.

- **Distribua de forma gratuita, e torne seu conteúdo compartilhável:** disponibilize seu conteúdo gratuitamente para atrair e engajar o público. Além disso, facilite o compartilhamento do seu conteúdo nas redes sociais e outras plataformas, aumentando seu alcance e visibilidade.

- **Foco no público-alvo:** mantenha sempre seu público-alvo em mente ao criar conteúdo. Conheça suas necessidades, interesses e preferências para oferecer informações relevantes e valiosas que realmente resolvam seus problemas e agreguem valor.

Seguir essas diretrizes ajudará a garantir que seu planejamento de conteúdo seja eficaz e alinhado com os princípios do *inbound marketing*.

CAPÍTULO 6

ABORDAR E VENDER: *OUTBOUND MARKETING*

Se você tem mais dinheiro que cérebro, deve focar em marketing de interrupção. Se tem mais cérebro que dinheiro, deve focar em inbound marketing.

Guy Kawasaki

Fonte: Autor – DALL.E, 2024.

No *outbound marketing*, a empresa toma a iniciativa de buscar ativamente por clientes em potencial e iniciar o contato com eles. Aqui estão alguns pontos-chave sobre o *outbound*:

1. **Prospecção ativa:** ao contrário do *inbound marketing*, no qual os clientes vão até a empresa, no *outbound* a empresa vai até os clientes em potencial. Isso pode envolver abordagens diretas, como ligações telefônicas, *e-mails* de prospecção, mensagens em redes sociais, entre outros.

2. **Identificação do perfil do cliente ideal:** antes de iniciar a abordagem, é importante identificar o perfil dos potenciais clientes que melhor se encaixam com os produtos ou serviços oferecidos pela empresa. Isso ajuda a direcionar os esforços de prospecção para as pessoas certas.

3. **Abordagem proativa:** uma vez identificados os potenciais clientes, a empresa inicia a abordagem de forma proativa, utilizando diferentes canais e estratégias para chamar a atenção e despertar o interesse deles.

4. **Variedade de abordagens:** as abordagens no *outbound* podem variar desde ligações frias e *e-mails* de prospecção até campanhas de anúncios pagos e participação em eventos ou feiras do setor. O objetivo é alcançar os clientes em potencial onde quer que estejam, e de forma eficaz.

5. **Foco na geração de leads qualificados:** o objetivo principal do *outbound* é gerar leads qualificados, ou seja, pessoas que têm um interesse genuíno nos produtos ou serviços da empresa e estão mais propensas a se tornarem clientes.

Em resumo, o *outbound marketing* é uma estratégia de prospecção ativa que envolve identificar, abordar e engajar clientes em potencial de forma direta e proativa.

> NO *OUTBOUND*, VOCÊ NÃO ESPERA PELO SEU CLIENTE: VOCÊ O IDENTIFICA, CARACTERIZA E VAI ATRÁS!
>
> LIGAÇÕES, E-MAIL, ENVIO DE MATERIAIS E OUTRAS, SÃO TÉCNICAS E AÇÕES.

No *outbound marketing*, a empresa adota uma abordagem mais direta e ativa para encontrar e se comunicar com os clientes em potencial. Em contraste com o *inbound marketing*, no qual o foco está em atrair clientes por meio de conteúdo relevante e atrativo, o *outbound* busca iniciar o contato com os clientes de forma proativa.

Enquanto o *inbound marketing* espera que os clientes em potencial encontrem a empresa por meio de seus esforços de *marketing* de conteúdo, o *outbound marketing* vai diretamente atrás desses clientes, utilizando diversas estratégias de prospecção para alcançá-los.

Essa abordagem direta pode incluir atividades como chamadas frias, *e-mails* de prospecção, anúncios pagos direcionados, participação em eventos do setor e outras formas de contato direto com os clientes em potencial. O objetivo é chamar a atenção desses clientes e iniciar o processo de vendas de forma proativa.

Portanto, enquanto o *inbound marketing* foca em atrair os clientes até a empresa, o *outbound marketing* busca ir até os clientes, estabelecendo contato direto e ativo com eles. Ambas as abordagens têm seus benefícios e são frequentemente utilizadas em conjunto para alcançar os objetivos de *marketing* de uma empresa.

O *outbound* demanda ou parte de elementos essenciais para a construção e colocação de seu planejamento:

1. **Pesquisa:** antes de iniciar qualquer atividade de prospecção, é essencial realizar uma pesquisa detalhada para identificar o perfil ideal do cliente, entender suas necessidades e preferências, e descobrir os melhores canais e abordagens para alcançá-los.

2. **Prospecção:** com base nas informações obtidas na fase de pesquisa, a equipe de vendas ou *marketing* parte para a prospecção ativa de clientes em potencial. Isso pode envolver a identificação de leads qualificados, a segmentação de listas de contatos e o uso de técnicas de abordagem direta, como chamadas telefônicas, *e-mails* de prospecção ou anúncios segmentados.

3. **Contato:** após identificar os leads qualificados, é hora de iniciar o contato com eles. Isso pode incluir o envio de *e-mails* de apresentação, convites para eventos ou reuniões, ou até mesmo chamadas telefônicas para iniciar uma conversa e apresentar os produtos ou serviços da empresa.

4. **Conexão:** o objetivo do contato inicial é estabelecer uma conexão significativa com o lead e iniciar um relacionamento. Isso pode envolver o fornecimento de informações úteis e relevantes, o esclarecimento de dúvidas e a construção de confiança ao longo do tempo.

5. **Negociação e fechamento:** uma vez estabelecida uma relação sólida com o lead, é hora de iniciar o processo de negociação e fechamento da venda. Isso pode incluir a apresentação de propostas comerciais, a negociação de termos e condições e o fechamento do contrato.

Quanto aos benefícios do *outbound marketing*, destacamos pontos importantes. A abordagem direta e proativa do *outbound* pode levar a um retorno mais rápido do investimento, especialmente em mercados altamente competitivos ou em situações nas quais o tempo é crucial. Além disso, o *outbound* é muitas vezes mais eficaz em processos de venda complexos ou quando se trabalha com leads altamente qualificados, onde a abordagem direta pode gerar resultados mais rápidos e efetivos.

> O *OUTBOUND* SE DIFERE POR SER UM PROCESSO DE PROSPECÇÃO ATIVA.

O *outbound marketing* se concentra em uma abordagem mais ativa e direta, indo ao encontro dos potenciais clientes onde quer que eles estejam e capturando sua atenção de maneira proativa. Embora algumas pessoas possam considerar essa abordagem como "interrupção", o objetivo do *outbound* é justamente estar presente nos momentos em que os consumidores estão buscando informações relevantes e apresentar soluções que atendam às suas necessidades.

Para ser eficaz, o *outbound* requer uma compreensão profunda do público-alvo e a capacidade de segmentar e direcionar as mensagens de forma precisa e relevante. Isso envolve identificar os canais de comunicação mais adequados, desenvolver mensagens persuasivas e estabelecer um contato inicial que desperte o interesse do cliente em potencial.

Ao contrário do *inbound*, no qual o foco está em atrair clientes por meio de conteúdo e informações relevantes, o *outbound* busca uma abordagem mais proativa, concentrando-se em iniciar conversas e conduzir os consumidores por meio do funil de vendas de maneira mais direta e imediata. Quando bem executado, o *outbound* pode gerar resultados rápidos e eficazes, especialmente em situações em que a velocidade e a precisão são essenciais para conquistar novos clientes e impulsionar as vendas.

> **O VALOR ENTREGUE AO CONSUMIDOR É A DIFERENÇA ENTRE O VALOR TOTAL ESPERADO E O CUSTO TOTAL DO CONSUMIDOR OBTIDO. O VALOR TOTAL ESPERADO PELO CONSUMIDOR É O CONJUNTO DE BENEFÍCIOS PREVISTOS POR DETERMINADO PRODUTO OU SERVIÇO.**

Integrar as estratégias de *inbound* e *outbound* pode ser altamente eficaz para uma empresa. O *inbound marketing* é ideal para atrair leads qualificados por meio de conteúdo relevante e informativo, enquanto o *outbound marketing* pode ser usado para realizar abordagens diretas e ativas para converter esses leads em clientes.

Ao combinar ambas as abordagens, a empresa pode criar um funil de vendas mais abrangente e eficiente, capturando a atenção dos leads em diferentes estágios do processo de compra. Por exemplo, o *inbound marketing* pode ser utilizado para educar os leads e criar conscientização sobre a marca, enquanto o *outbound marketing* pode ser empregado para realizar *follow-ups* personalizados e fechar negócios.

Essa integração permite que a empresa maximize suas oportunidades de geração de leads e vendas, aproveitando o melhor de ambos os mundos. Além disso, ao diversificar suas estratégias de *marketing*, a empresa reduz sua dependência de um único canal ou método, tornando-se mais resiliente e adaptável às mudanças no mercado.

CLIENTE RENTÁVEL É UMA PESSOA, RESIDÊNCIA OU EMPRESA QUE GERA UMA RECEITA CONTÍNUA PARA A EMPRESA, SUPERIOR AO CUSTO DE ATRAÇÃO, VENDAS E SERVIÇOS.

Só para reforçar: quem deve definir isso é o perfil dos consumidores, do mercado a ser atingido e atendido, e o tipo de produto, serviço ou experiência que está sendo ofertado. Pesquisar é preciso. Analisar e planejar, também. E monitorar, mais ainda.

A definição da estratégia de *marketing*, seja ela focada em *inbound*, *outbound* ou em uma combinação de ambas, deve ser guiada pelo profundo entendimento do perfil do consumidor, das características do mercado-alvo e dos produtos ou serviços oferecidos pela empresa.

Realizar pesquisas de mercado, análises de dados e planejamentos estratégicos são etapas essenciais para garantir que as estratégias de *marketing* sejam eficazes e alcancem os resultados desejados. Além disso, o monitoramento contínuo do desempenho das campanhas e iniciativas de *marketing* é fundamental para identificar oportunidades de otimização e ajustes ao longo do tempo.

Ao manter o foco nas necessidades, preferências e comportamentos do público-alvo, a empresa pode criar estratégias de *marketing* mais direcionadas e personalizadas, aumentando assim suas chances de sucesso e de construção de relacionamentos duradouros com os clientes.

6.1 O Planejamento no *Outbound Marketing*

O *outbound marketing* é caracterizado por abordagens ativas de prospecção, na qual a empresa busca diretamente os clientes em potencial, muitas vezes interrompendo seu fluxo normal de atividades para chamar a atenção deles. Isso pode ser feito por meio de anúncios pagos, *cold calls*, *e-mails* não solicitados (*spam*), entre outras táticas. O objetivo é iniciar o contato com os *prospects* e persuadi-los a considerar os produtos ou serviços da empresa.

A EMPRESA VAI ATRÁS DO CONSUMIDOR: ESTA É A ESSÊNCIA DO *OUTBOUND MARKETING*.

No planejamento do *outbound marketing*, é essencial começar definindo objetivos claros e mensuráveis, alinhados com as metas gerais da empresa. Isso pode incluir aumentar o tráfego no *site*, gerar mais leads qualificados, melhorar a taxa de conversão ou aumentar as vendas.

Em seguida, é importante realizar uma análise detalhada do público-alvo, identificando suas necessidades, desafios e preferências. Isso ajuda a criar personas detalhadas, representações fictícias dos clientes ideais, que orientarão todo o conteúdo e as estratégias de *marketing*.

Por fim, é crucial estabelecer métricas de sucesso e definir um sistema de monitoramento para acompanhar o desempenho das estratégias ao longo do tempo, permitindo ajustes e otimizações conforme necessário.

CAPÍTULO 7
CONSTRUINDO UMA ESTRATÉGIA EFICAZ EM *INBOUND* E *OUTBOUND*

Empresas que costumavam usar a mídia para entregar informações, agora elas mesmas tornaram-se a mídia.
Andrew Nachison

Fonte: Autor – DALL.E, 2024.

Construir uma estratégia eficaz que integre tanto o *inbound* quanto o *outbound marketing* requer uma compreensão profunda do público-alvo, suas necessidades e comportamentos. Como já foi discutivo, no *inbound*, o foco está em atrair clientes potenciais de forma orgânica, fornecendo conteúdo relevante e valioso que responda às suas perguntas e desafios. Isso significa criar personas detalhadas, desenvolver uma estratégia de conteúdo diversificada e utilizar canais como *blogs*, mídias sociais e SEO para alcançar e engajar o público-alvo.

No entanto, o *outbound marketing* envolve uma abordagem mais direta e ativa, na qual a empresa busca proativamente os clientes potenciais. Isso pode ser feito por meio de publicidade paga, campanhas de *e-mail marketing* segmentadas, telefonemas ou até mesmo eventos e feiras comerciais. É essencial ter uma compreensão clara do perfil do cliente ideal e utilizar dados e análises para segmentar e personalizar as mensagens de acordo com as necessidades e os interesses específicos de cada público.

Ao integrar estrategicamente o *inbound* e o *outbound*, as empresas podem maximizar sua capacidade de atrair e converter clientes potenciais em clientes reais. Isso envolve coordenar os esforços de *marketing* para garantir consistência na mensagem e na experiência do cliente em todos os pontos de contato. Além disso, é importante monitorar e analisar continuamente o desempenho das estratégias, fazendo ajustes conforme necessário para otimizar os resultados e alcançar os objetivos de negócios.

> **A ESTRATÉGIA TRATA-SE DA FORMA DE PENSAR NO FUTURO DENTRO DOS CONTEXTOS DOS PROCESSOS DE DECISÃO E**

CONSTRUÇÃO DE RESULTADOS EMPRESARIAIS.

Já uma estratégia de *marketing* de conteúdo trata do plano, do mapa, da organização de todos os processos, todas as ações e atividades que serão aplicadas e desenvolvidas tendo em vista os objetivos mercadológicos e de comunicação da empresa, da marca, do produto ou do serviço.

> Estratégia é o padrão ou plano que integra as principais metas, políticas e sequência de ações de uma organização em um todo coerente. Uma estratégia bem formulada ajuda a ordenar e alocar os recursos de uma organização para uma postura singular e viável, com base em suas competências internas e relativas, mudanças no ambiente antecipadas e providências contingentes realizadas por oponentes inteligentes (Mintzberg, 2001, p. 20).

O planejamento exerce uma função fundamental na orientação das ações de *marketing*, proporcionando direção e foco para alcançar os objetivos estabelecidos. Ao determinar parâmetros claros e definir os passos a serem seguidos, o planejamento ajuda a garantir que todos os envolvidos estejam alinhados e trabalhando na mesma direção. Embora seja importante ter um plano sólido, também é importante reconhecer a necessidade de flexibilidade diante das mudanças rápidas do mercado.

Uma análise detalhada do cenário de mercado é o ponto de partida essencial para o planejamento eficaz. Isso envolve examinar os concorrentes, entender as tendências do setor, considerar os impactos das regulamentações governamentais e identificar oportunidades emergentes. Com essa compreensão profunda, é possível desenvolver estratégias de comunicação e conteúdo que se destaquem e ressoem com o público-alvo.

Ao transformar os diferenciais e os benefícios da empresa em mensagens claras e envolventes, o planejamento de *marketing* cria uma base sólida para o sucesso. Ao comunicar de forma consistente e impactante, as chances de alcançar e persuadir os consumidores aumentam significativamente, impulsionando assim os resultados desejados. Em suma, um planejamento bem elaborado é essencial para navegar com sucesso no ambiente competitivo e em constante mudança do mercado atual.

O próximo passo no planejamento é a definição dos objetivos específicos do *marketing* de conteúdo. Isso envolve responder a uma série de perguntas sobre o que se espera alcançar com essas ações. Quais percepções e imagens devem ser construídas na mente dos consumidores? Qual será o posicionamento da marca no mercado? Quantos novos clientes devem ser gerados? Quanto o conteúdo deve melhorar o ranqueamento nos mecanismos de busca e quantos seguidores devem ser conquistados nas redes sociais? Essas questões orientam o direcionamento das estratégias de conteúdo, estabelecendo metas claras e mensuráveis.

Outro aspecto essencial é a proposta de valor ou diferencial da marca, do produto ou do serviço. Isso não é definido pela empresa, mas, sim, pelos consumidores e suas percepções das necessidades e importância do que é oferecido. O diferencial não é apenas o que é oferecido, mas o que os consumidores percebem como valioso para si. Essa análise orienta a construção da mensagem de *marketing*, garantindo que ela ressoe com o público-alvo.

Além disso, é crucial construir personas detalhadas que representem os consumidores ideais da empresa. Isso envolve compreender quem já compra, quem a empresa deseja atrair e como essas personas consomem informações. Utilizar dados do CRM, pesquisas e análises de comportamento do consumidor é fundamental para criar personas precisas que orientem as estratégias de conteúdo de forma eficaz.

Assim como os objetivos, a persona tem papel fundamental na construção das estratégias de conteúdo. Então, investir tempo e análises para definições claras e precisas torna-se importante, e pode ser a diferença entre uma estratégia bem focada, com bons resultados, e uma dispersa, sem foco.

A análise da jornada de compra é um passo decisivo no planejamento do *marketing* de conteúdo. Com base nessa análise, são estabelecidos os tipos de conteúdo, os canais de comunicação e as mensagens que serão veiculadas em cada estágio da jornada do consumidor. Essa análise envolve compreender profundamente os momentos, as necessidades e as demandas do consumidor em cada fase do processo de compra.

Ao entender as etapas pelas quais os consumidores passam, desde o reconhecimento de uma necessidade até a decisão de compra, a empresa pode criar conteúdos relevantes e direcionados para cada estágio. Isso permite que a mensagem seja entregue no momento certo e de forma personalizada, gerando um impacto significativo na decisão de compra do consumidor.

Por exemplo, no estágio de conscientização, os consumidores podem estar buscando informações sobre um problema ou necessidade específica. Nesse caso, conteúdos educacionais, como *blogs*, artigos e vídeos informativos, podem ser eficazes para atrair a atenção do público-alvo. À medida que os consumidores avançam para estágios posteriores, como consideração e decisão, conteúdos mais específicos, como estudos de caso, depoimentos de clientes e demonstrações de produtos, podem ser mais relevantes para ajudá-los a tomar uma decisão informada.

Portanto, a análise da jornada de compra permite que a empresa entregue o conteúdo certo, para a pessoa certa, no momento certo, aumentando assim as chances de conversão e fidelização do cliente.

E o conteúdo?

> O CONTEÚDO TEM UM PAPEL DECISIVO NA CONQUISTA, NO ENVOLVIMENTO E NO ENGAJAMENTO DO CONSUMIDOR, ENTÃO É PRECISO COMPREENDER E DEFINIR CLARA E DETALHADAMENTE COMO ELE SERÁ CONSTRUÍDO DE FORMA A GUIAR O CONSUMIDOR, AS ETAPAS, AS ATITUDES E AS AÇÕES DESEJADAS.

- **Construção da voz, do tom, da personalidade:** construir a voz, o tom e a personalidade de uma marca é essencial para estabelecer uma conexão significativa com o público-alvo. A voz refere-se à forma como a marca se expressa em suas comunicações, enquanto o tom é a maneira específica como essa voz é aplicada em diferentes situações e contextos. Por fim, a personalidade representa as características e os atributos humanos que a marca incorpora, permitindo que o público a perceba como mais do que apenas uma entidade comercial.

  Ao desenvolver a voz da marca, é primordial considerar não apenas o que ela diz, mas também como diz. Isso envolve a escolha de palavras, o estilo de escrita e até mesmo o uso de humor ou seriedade, dependendo do público e do contexto. Por exemplo, uma marca voltada para um público mais jovem pode adotar uma linguagem informal e descontraída, enquanto uma marca de serviços financeiros pode preferir uma abordagem mais formal e profissional.

  O tom, por sua vez, é a aplicação específica dessa voz em diferentes situações e canais de comunicação. Por exemplo, o tom utilizado em um *post* de mídia social pode ser mais leve e casual, enquanto em um *e-mail* de serviço ao cliente pode ser mais empático e atencioso. É importante manter a consistência no tom, para que a mensagem da marca seja sempre clara e coerente, independentemente do canal ou da situação.

  A personalidade da marca é o que a diferencia das demais, e é construída a partir de características humanas como amigável, confiável, inovadora, entre outras. Essa personalidade guia a maneira como a marca se apresenta e se comporta em todos os pontos de contato com o cliente, desde o *design* do logotipo até a linguagem utilizada nas interações.

Em suma, a construção da voz, do tom e da personalidade de uma marca é um processo essencial para estabelecer uma identidade única e envolvente, que ressoe com o público-alvo e crie conexões duradouras.

- **Meios, canais e mensagens:** a diversidade de preferências e comportamentos entre as diferentes personas é um aspecto crucial a ser considerado ao planejar estratégias de *marketing* de conteúdo. Cada persona possui hábitos e interesses únicos, o que influencia diretamente os canais e os meios que utilizam para se informar e se relacionar com os conteúdos.

Ao mapear essas preferências, a empresa pode direcionar seus esforços para os canais e as plataformas mais relevantes para cada persona específica. Isso permite uma segmentação mais precisa e eficaz, garantindo que o conteúdo certo seja entregue no lugar certo e no momento certo.

Por exemplo, se uma persona é mais ativa no X, a empresa pode concentrar seus esforços em criar conteúdo específico para essa plataforma, adaptado ao estilo e ao formato que ressoam com os usuários do X. Da mesma forma, se outra persona prefere consumir conteúdo por meio de vídeos no YouTube, a empresa pode investir em criar vídeos informativos e envolventes para alcançar esse público-alvo.

Além disso, entender as preferências de consumo de conteúdo de cada persona permite uma comunicação mais personalizada e relevante, o que aumenta a probabilidade de engajamento e interação. Ao oferecer conteúdo que atenda às necessidades e aos interesses específicos de cada persona, a empresa fortalece seu relacionamento com o público e constrói uma base sólida de seguidores leais.

- **Métricas (KPIs):** a abundância de dados e métricas disponíveis nos meios digitais oferece uma riqueza de informações valiosas para avaliar o desempenho das estratégias de *marketing* de conteúdo. No entanto, é fundamental ter clareza sobre quais desses dados são os mais relevantes para medir o progresso em relação aos objetivos definidos.

    Por exemplo, se o objetivo é aumentar o engajamento nas redes sociais, métricas como curtidas, comentários, compartilhamentos e taxa de cliques podem ser indicadores importantes de sucesso. Já se o foco é gerar leads e conversões, métricas como taxa de conversão em *landing pages*, número de leads gerados e taxa de abertura de *e-mails* podem ser mais relevantes.

    Além disso, é importante não apenas coletar esses dados, mas também analisá-los de forma aprofundada para extrair *insights* significativos. Isso envolve identificar padrões, tendências e correlações nos dados, bem como entender o impacto das diferentes ações de conteúdo nas métricas de desempenho.

    Com base nessa análise, a empresa pode fazer ajustes e otimizações em suas estratégias de *marketing* de conteúdo, focando nos canais, formatos e tipos de conteúdo que estão gerando os melhores resultados em relação aos objetivos estabelecidos. Dessa forma, o acompanhamento e a análise das métricas não apenas permitem validar as estratégias implementadas, mas também orientam a tomada de decisões futuras para maximizar o retorno sobre o investimento em *marketing*.

- **Organização da equipe:** a execução eficaz de estratégias de *marketing* de conteúdo requer a colaboração de diversos profissionais com habilidades e *expertise* diferentes. Desde redatores e *designers* até analistas de dados e gerentes de mídia social, cada membro da equipe desempenha um papel fundamental na criação, distribuição e análise de conteúdo.

  Definir claramente os papéis e as responsabilidades de cada membro da equipe é essencial para garantir que todos estejam alinhados com os objetivos e as metas da estratégia de conteúdo. Isso inclui atribuir tarefas específicas, estabelecer prazos claros e criar fluxos de trabalho eficientes para facilitar a colaboração e a comunicação entre os membros da equipe.

  Além disso, é importante reconhecer a interdependência entre os diferentes papéis e garantir que haja uma coordenação eficaz entre eles. Por exemplo, os redatores podem precisar trabalhar em estreita colaboração com os *designers* para garantir que o conteúdo visual e textual esteja alinhado, enquanto os analistas de dados podem fornecer *insights* valiosos para orientar as decisões de conteúdo e distribuição.

  Ao estabelecer uma estrutura organizacional clara e definir os processos de trabalho, as empresas podem reduzir erros, aumentar a eficiência e maximizar o retorno sobre o investimento em *marketing* de conteúdo.

- **Construir as peças-base:** a variedade de formatos de conteúdo disponíveis oferece às empresas uma ampla gama de opções para alcançar seus objetivos de *marketing*. Desde conteúdo institucional até materiais promocionais, depoimentos de clientes e outros, cada formato tem seu próprio propósito e apelo para diferentes estágios do funil de vendas e tipos de público-alvo.

Ao definir os objetivos de *marketing* de conteúdo, as personas e os canais de distribuição, é importante considerar quais formatos de conteúdo serão mais eficazes para atingir esses objetivos e se comunicar com o público-alvo de maneira relevante e envolvente.

Ter peças-chave, modelos e referências pode ajudar no processo criativo, fornecendo inspiração e direção para o desenvolvimento de conteúdo consistente e impactante. Isso inclui a linguagem e os elementos textuais e visuais, além da estrutura e o formato geral de cada peça de conteúdo.

Além disso, a flexibilidade do *marketing* de conteúdo permite que as empresas experimentem e adaptem diferentes formatos com base no *feedback* e nos *insights* dos clientes. Isso significa que as empresas podem continuar a refinar e otimizar suas estratégias de conteúdo ao longo do tempo, garantindo que permaneçam relevantes e eficazes em um ambiente em constante mudança.

- **Calendário ou plano editorial:** saber o momento certo para postar cada conteúdo é essencial para maximizar o impacto e o engajamento. Aproveitar datas especiais e comemorativas pode aumentar a relevância e o interesse do público-alvo, além de oferecer oportunidades únicas para criar conexões emocionais e promover produtos ou serviços de forma contextualizada.

    Além disso, identificar os momentos-chave na jornada de compra das personas é fundamental para direcionar o conteúdo de maneira estratégica e oportuna. Por exemplo, durante a semana de pagamento de salários, as personas podem estar mais propensas a considerar fazer uma compra, tornando esse momento ideal para destacar ofertas especiais ou promoções relevantes.

Ter um calendário editorial detalhado e bem documentado é uma prática recomendada para garantir consistência e eficácia nas ações de *marketing* de conteúdo. Isso ajuda a evitar a duplicação de abordagens e conteúdos, bem como permite uma análise retrospectiva do desempenho das campanhas ao longo do tempo. Dessa forma, as empresas podem aprender com as experiências passadas e ajustar suas estratégias para obter melhores resultados no futuro.

- **Promover:** é quando a estratégia de distribuição de conteúdo ganha vida. Definir o momento certo para lançar as ações de *marketing* de conteúdo é fundamental para garantir que elas atinjam o público-alvo no momento ideal e no contexto apropriado. Isso pode envolver o lançamento coordenado de campanhas durante eventos sazonais, feriados ou acontecimentos relevantes na sociedade.

Ao determinar o momento de colocar o conteúdo em circulação, as empresas podem capitalizar oportunidades específicas de engajamento e conversão. Por exemplo, durante uma data comemorativa, como o Dia dos Namorados, uma marca de presentes pode lançar uma campanha especial para promover seus produtos, aproveitando o clima romântico e as expectativas dos consumidores.

Além disso, o momento do lançamento também pode ser estrategicamente planejado com base no comportamento do público-alvo. Por exemplo, se a maioria dos clientes tende a estar mais ativa nas redes sociais durante o horário do almoço, pode ser vantajoso programar as postagens para esse período, maximizando o alcance e o engajamento.

Em síntese, o momento de levar as ações de *marketing* de conteúdo "para a rua" é crucial para garantir que elas sejam recebidas da melhor forma possível pelo público-alvo, aproveitando oportunidades específicas e adaptando-se ao comportamento e às preferências dos consumidores.

- **Monitoramento e mensuração:** o momento do lançamento marca o início da fase de monitoramento e avaliação das ações de *marketing* de conteúdo. Uma vez que o conteúdo está disponível para o público-alvo, é determinante acompanhar de perto o desempenho por meio dos indicadores previamente definidos. Isso inclui métricas como taxa de cliques, taxas de conversão, engajamento nas redes sociais, tempo médio de permanência no *site* e outras métricas relevantes para os objetivos da campanha.

  O monitoramento contínuo permite identificar rapidamente o que está funcionando bem e o que precisa ser ajustado. Se uma determinada peça de conteúdo não estiver gerando o engajamento esperado, pode ser necessário revisar a mensagem, o formato ou o canal de distribuição. Da mesma forma, se uma campanha estiver superando as expectativas, pode ser valioso alocar mais recursos ou ampliar seu alcance.

  Além disso, o monitoramento também pode revelar *insights* valiosos sobre o comportamento do público-alvo, suas preferências e suas necessidades. Essas informações podem ser utilizadas para informar futuras estratégias de conteúdo e aprimorar ainda mais o impacto das ações de *marketing*.

Portanto, o momento do lançamento não marca o fim do processo, mas, sim, o início de uma fase contínua de análise, aprendizado e otimização, garantindo que as estratégias de *marketing* de conteúdo estejam sempre alinhadas com os objetivos da empresa e as necessidades do público-alvo.

- **Valide e reavalie:** a análise contínua dos resultados e o ajuste das estratégias são aspectos essenciais e contínuos no *marketing* de conteúdo. É um processo dinâmico que requer atenção constante para garantir que as ações estejam alinhadas com os objetivos e as necessidades do público-alvo.

Por meio da análise dos resultados, é possível identificar padrões, tendências e áreas de oportunidade para melhoria. Isso pode envolver ajustes na mensagem, no formato do conteúdo, na segmentação do público-alvo ou até mesmo na seleção dos canais de distribuição.

Além disso, o *feedback* direto dos consumidores, seja por meio de comentários, avaliações ou interações nas redes sociais, fornece *insights* valiosos sobre suas preferências e expectativas. Essas informações podem ser usadas para refinar ainda mais as estratégias de conteúdo e criar experiências mais relevantes e envolventes para o público.

Portanto, a análise contínua dos resultados não apenas ajuda a otimizar o desempenho das campanhas existentes, mas também alimenta o ciclo de aprendizado e inovação, permitindo que as empresas se adaptem rapidamente às mudanças no mercado e às necessidades em evolução dos consumidores. É um investimento contínuo no sucesso a longo prazo das estratégias de *marketing* de conteúdo.

Cada passo do planejamento deve ser adaptado às características específicas do produto ou serviço, bem como ao contexto em que está inserido. A personalização é essencial para garantir que as estratégias sejam eficazes e alinhadas com os objetivos de negócios.

Além disso, a flexibilidade é fundamental ao longo do processo. À medida que novas informações são coletadas, tendências emergem e o mercado evolui, é necessário revisar e ajustar o plano conforme necessário. Isso pode envolver a realocação de recursos, a introdução de novas táticas ou até mesmo a mudança de direção estratégica, se as circunstâncias exigirem.

Portanto, um planejamento eficaz não é estático, mas, sim, um processo contínuo de avaliação, aprendizado e adaptação. Estar aberto a mudanças e prontamente responder às necessidades do mercado é essencial para o sucesso a longo prazo das estratégias de *marketing* de conteúdo.

> O *MARKETING* DE CONTEÚDO OFERTA PARA AS EMPRESAS A AMPLITUDE DE SOLUÇÕES E A VARIEDADE DE RECURSOS, DE FERRAMENTAS E MESMO DE ABORDAGENS ESTRATÉGICAS.

Entender profundamente o mercado, a concorrência e o público-alvo é fundamental para o sucesso de qualquer estratégia de *marketing*. As empresas estão constantemente buscando maneiras de se destacar em um mercado competitivo, e isso só pode ser alcançado por meio de uma compreensão clara do ambiente em que operam e das necessidades de seus clientes.

Além disso, a capacidade de utilizar eficazmente os diversos formatos de conteúdo disponíveis, adaptando-os às preferências e aos comportamentos do público-alvo, é essencial. Isso inclui não apenas a criação de conteúdo relevante e envolvente, mas também a distribuição estratégica por meio dos canais adequados.

Por fim, a análise constante das métricas é crucial para avaliar o desempenho das estratégias de *marketing* e identificar áreas de melhoria. Essa abordagem baseada em dados permite que as empresas ajam de forma mais informada e eficaz, ajustando suas táticas conforme necessário para alcançar os melhores resultados possíveis. Portanto, os profissionais de *marketing* devem estar familiarizados e hábeis em todas essas áreas para obter sucesso em seus esforços de promoção e comunicação.

CAPÍTULO 8

A UNIÃO FAZ A FORÇA: *INBOUND* & *OUTBOUND*

Uma das melhores maneiras de sabotar seu conteúdo é não o amarrar aos seus objetivos. Saiba por que você está criando conteúdo.

Ellen Gomes

Fonte: Autor – DALL.E, 2024.

O *inbound* e o *outbound marketing* representam duas abordagens distintas, mas complementares, para alcançar os consumidores em um mundo cada vez mais digitalizado. Enquanto o *inbound marketing* se concentra em atrair e envolver os clientes por meio da criação de conteúdo relevante e valioso, o *outbound marketing* adota uma abordagem mais direta, buscando ativamente os clientes por meio de diversas formas de publicidade e promoção.

Compreender as nuances de cada abordagem e saber quando e como aplicá-las é crucial para o sucesso de uma estratégia de *marketing*. Em muitos casos, uma combinação equilibrada de ambas as abordagens pode ser a mais eficaz, aproveitando os pontos fortes de cada uma para alcançar os objetivos de *marketing* de uma empresa.

Portanto, estar ciente das diferenças entre *inbound* e *outbound marketing* e saber como integrá-las de maneira eficaz pode ser uma vantagem significativa para qualquer marca que busca se destacar em um mercado cada vez mais competitivo e digitalmente orientado.

DIFERENÇAS		
Comunicação direta	X	Comunicação indireta
Massa	X	Diálogo
Maior custo	X	Maior efetividade
Mais velocidade	X	Maior engajamento
Resultados mais rápidos	X	Maior efetividade a longo prazo
Dispersão e escala	X	Acompanhamento e ajustes em tempo real
Venda	X	Relacionamento

A medição de resultados é melhor e mais efetiva no *inbound*.

FOCO NA PERSONA, NO CONSUMIDOR!

Como sabemos, nos últimos anos, o *marketing* passou por uma transformação significativa impulsionada pelo avanço da tecnologia e pela mudança no comportamento do consumidor. Nesse contexto, duas abordagens surgiram como protagonistas no cenário do *marketing* digital: o *inbound* e o *outbound marketing*. Enquanto o *inbound marketing* se concentra em atrair e engajar os clientes por meio de conteúdo relevante, o *outbound marketing* adota uma abordagem mais direta, buscando ativamente os clientes por meio de diversas formas de publicidade e promoção.

O *inbound marketing* é uma metodologia centrada no cliente, que se baseia na criação e distribuição de conteúdo relevante e valioso para atrair, envolver e encantar os clientes. Uma das principais características do *inbound* é o foco na permissão, ou seja, os consumidores optam por interagir com a marca voluntariamente, seja consumindo seu conteúdo, assinando sua *newsletter* ou participando de suas redes sociais. Isso cria um relacionamento mais sólido e duradouro com os clientes, pois é construído com base na confiança e no interesse mútuo.

As estratégias de *inbound marketing* geralmente incluem a criação de *blogs*, vídeos, *e-books*, *webinars*, *podcasts* e outros tipos de conteúdo educacional e informativo. Além disso, o *inbound marketing* faz uso inteligente das técnicas de SEO para garantir que esse conteúdo seja facilmente encontrado pelos consumidores quando eles buscam informações relacionadas ao seu nicho de mercado.

No entanto, o *outbound marketing* adota uma abordagem mais tradicional e direta para alcançar os clientes. Essa abordagem envolve o envio de mensagens promocionais para um grande público, por meio de canais como anúncios em mídias tradicionais (TV, rádio, jornais), *telemarketing, e-mails* em massa e publicidade *online* paga.

Embora o *outbound marketing* seja muitas vezes visto como intrusivo e menos eficaz do que o *inbound*, ele ainda desempenha um papel importante em muitas estratégias de *marketing*. Por exemplo, o *outbound marketing* pode ser especialmente útil para empresas que desejam aumentar rapidamente sua visibilidade ou promover um novo produto ou serviço para um grande público.

Ainda que o *inbound* e o *outbound marketing* possam parecer abordagens opostas, eles podem e devem ser integrados de forma complementar para maximizar os resultados de uma estratégia de *marketing*. Por exemplo, uma empresa pode usar o *inbound marketing* para atrair e engajar os clientes, enquanto usa o *outbound marketing* para alcançar um público mais amplo e promover suas ofertas de forma mais direta.

Uma abordagem integrada também permite que uma empresa ajuste sua estratégia com base nas necessidades e os comportamentos específicos de seu público-alvo. Por exemplo, se uma empresa perceber que seus clientes estão respondendo positivamente a determinadas mensagens promocionais, ela pode decidir aumentar seus esforços de *outbound marketing* nessa área, ao mesmo tempo em que continua a investir em estratégias de *inbound marketing* para construir relacionamentos mais profundos com seus clientes existentes.

Em resumo, o *inbound* e o *outbound marketing* representam abordagens distintas para alcançar e envolver os clientes. Enquanto o *inbound* se concentra na atração e no engajamento por meio de conteúdo relevante e valioso, o *outbound* adota uma abordagem mais direta, buscando ativamente os clientes por meio de publicidade e promoção. Embora cada abordagem tenha suas próprias vantagens e desvantagens, uma estratégia de *marketing* eficaz geralmente combina elementos de ambos, aproveitando ao máximo as oportunidades oferecidas por cada uma. Ao compreender as nuances do *inbound* e do *outbound marketing* e saber como integrá-las de forma eficaz, as empresas podem maximizar o impacto de suas estratégias de *marketing* e alcançar melhores resultados no competitivo mercado digital de hoje.

CAPÍTULO 9

FECHANDO...

Há 10 anos a efetividade do marketing era dependente do peso da sua carteira. Hoje, a efetividade do marketing é dependente do tamanho do seu cérebro.

BRIAN HALLIGAN

Fonte: Autor – DALL.E, 2024.

O debate entre *inbound* e *outbound marketing* tem sido intenso, com defensores de cada abordagem argumentando sobre suas vantagens e desvantagens. No entanto, a realidade é que ambas as estratégias têm seu lugar e podem ser utilizadas de forma sinérgica para alcançar os melhores resultados.

> *INBOUND* E *OUTBOUND* NÃO SÃO OPOSTOS. PELO CONTRÁRIO, TÊM POTENCIAL DE GERAR MELHORES RESULTADOS JUNTOS.

O *marketing* moderno está em constante evolução, impulsionado pelo surgimento de novas tecnologias, mudanças no comportamento do consumidor e a crescente competição no mercado. Nesse cenário dinâmico, as estratégias de *inbound* e *outbound marketing* se destacam como duas abordagens distintas, cada uma com suas próprias características e vantagens. No entanto, ao invés de competir entre si, essas duas abordagens podem ser combinadas de forma sinérgica para criar uma estratégia de *marketing* integrada e abrangente.

O *inbound marketing*, também conhecido como *marketing* de atração, baseia-se no princípio de atrair clientes por meio da criação e distribuição de conteúdo relevante e valioso. Em vez de interromper os consumidores com mensagens de *marketing* intrusivas, o *inbound marketing* visa atrair voluntariamente os clientes para a marca, fornecendo informações úteis e solucionando seus problemas. Essa abordagem é amplamente centrada no cliente, focando em construir relacionamentos de longo prazo e gerar confiança e lealdade.

O *inbound marketing* se baseia em uma série de pilares fundamentais, incluindo a criação de conteúdo de alta qualidade, a otimização para mecanismos de busca, o uso estratégico das mídias sociais e a nutrição de leads por meio de automação de *marketing*. Ao investir em *blogs*, vídeos, *podcasts* e outros formatos de conteúdo, as empresas podem atrair e engajar os clientes em todas as etapas do funil de vendas, desde a conscientização até a conversão e além.

Uma das principais vantagens do *inbound marketing* é sua capacidade de gerar leads qualificados a um custo relativamente baixo. Ao criar conteúdo relevante e valioso, as empresas podem atrair clientes que estão ativamente buscando informações sobre seus produtos ou serviços. Além disso, o *inbound marketing* é altamente mensurável, permitindo que as empresas rastreiem e analisem o desempenho de suas campanhas e façam ajustes conforme necessário.

No entanto, o *inbound marketing* também apresenta alguns desafios. Uma das principais preocupações é o tempo necessário para ver resultados tangíveis. Construir uma audiência engajada e conquistar a confiança dos clientes pode levar meses ou até anos. Além disso, a concorrência no espaço de conteúdo *online* é acirrada, o que significa que as empresas precisam se destacar com conteúdo verdadeiramente excepcional para atrair a atenção do público.

Enquanto isso, o *outbound marketing* adota uma abordagem mais direta para alcançar os clientes, enviando mensagens promocionais para um público amplo. Isso inclui táticas como publicidade em mídia tradicional, anúncios *online*, *e-mails* em massa e chamadas a frio. Embora o *outbound marketing* seja muitas vezes considerado mais intrusivo do que o *inbound*, ele pode ser eficaz para gerar resultados imediatos e aumentar a conscientização da marca.

O *outbound marketing* se baseia em estratégias de alcance e engajamento do público-alvo, como anúncios em mídia paga, campanhas de *e-mail marketing* e *telemarketing*. Essas táticas visam alcançar um grande número de pessoas de uma só vez e gerar interesse em produtos ou serviços específicos. Ainda que o *outbound marketing* possa ser visto como mais invasivo, ele pode ser uma ferramenta poderosa para alcançar clientes em potencial que podem não estar ativamente procurando por uma solução.

Uma das principais vantagens do *outbound marketing* é sua capacidade de gerar resultados rápidos e mensuráveis. Ao enviar mensagens promocionais para um público amplo, as empresas podem aumentar rapidamente a visibilidade da marca e gerar leads qualificados. Além disso, o *outbound marketing* pode ser altamente segmentado e personalizado, permitindo que as empresas atinjam os clientes certos, no momento certo, com a mensagem certa.

No entanto, o *outbound marketing* também enfrenta desafios significativos. Uma das principais preocupações é o alto custo associado a muitas táticas de *outbound*, especialmente publicidade em mídia tradicional. Além disso, o *outbound marketing* pode ser percebido como intrusivo pelos consumidores, o que pode levar a taxas de resposta mais baixas e a uma reputação negativa para a marca.

Apesar das diferenças entre *inbound* e *outbound marketing*, as duas abordagens podem ser integradas de forma eficaz para criar uma estratégia de *marketing* mais completa e abrangente. Ao combinar táticas de *inbound* e *outbound*, as empresas podem maximizar sua exposição, alcançar novos mercados e consumidores, e crescer.

REFERÊNCIAS

CONTENT MARKETING INSTITUTE. **What is content Marketing?** 2016. Disponível em: http://contentmarketinginstitute.com/what-is-content-marketing/. Acesso em: 22 out. 2021.

KOTLER, P.; KARTAJAIA, H.; SETIAWAN, I. **Marketing 4.0**. São Paulo: Sextante, 2017.

MINTZBERG, H. **Criando organizações eficazes:** estruturas em cinco configurações. Tradução de Cyro Bemardes. São Paulo: Atlas, 2001.

OLIVEIRA, D. S.; TREVISAN, N. M.; CARDOSO, J. C. et al. **Estratégias digitais e produção de conteúdo**. Porto Alegre: SAGAH, 2021.

RÉVILION, A. S. P.; LESSA, B. S.; NETO, R. G.; JUSKI, J. R.; NEUMANN, S. E. **Marketing digital**. Porto Alegre: SAGAH, 2019.

YI LIN, C. O. How Google's New Algorithm, Hummingbird, Promotes content and Inbound Marketing. **American Journal of Industrial and Business Management**, v. 4, p. 51-57, 2014. Disponível em: http://file.scirp.org/pdf/AJIBM_2014012609444411.pdf. Acesso em: 22 out. 2021.